文人的贵族精神

熊召政文化讲谈录

长篇历史小说
《张居正》作者

熊召政 ◎ 著

中国·友谊出版公司

图书在版编目（CIP）数据

文人的贵族精神：熊召政文化讲谈录 / 熊召政著 . --
北京：中国友谊出版公司，2018.8
　ISBN 978-7-5057-4451-6

　Ⅰ.①文… Ⅱ.①熊… Ⅲ.①文化研究 – 世界 – 文集
Ⅳ.①G112-53

　中国版本图书馆CIP数据核字（2018）第175074号

书名	**文人的贵族精神：熊召政文化讲谈录**
著者	熊召政
出版	中国友谊出版公司
发行	中国友谊出版公司
经销	北京时代华语国际传媒股份有限公司　010-83670231
印刷	北京中科印刷有限公司
规格	880×1230 毫米　32 开
	7 印张　150 千字
版次	2018 年 8 月第 1 版
印次	2018 年 8 月第 1 次印刷
书号	ISBN 978-7-5057-4451-6
定价	42.00 元
地址	北京市朝阳区西坝河南里 17-1 号楼
邮编	100028
电话	（010）64668676

目录

第一辑

在把追求财富当成社会前进的唯一目标时，整个民族形成的心理趋同，已经产生了一股巨大的颠覆性的力量。这股力量既能颠覆我们代代相传的贫穷，也能颠覆我们这个民族特有的与自然两情相悦的理想生活。

第二辑

> 文人有时可爱,有时可恨;有时可敬,有时可杀;有时缚虎除害,有时舍身伺虎,有时为虎作伥。

第三辑

　　巴蜀的巫风，吴越的歌谣，虽然也让人向往远古的风流，但毕竟我们只能从楚辞与屈原的诗歌当中，看到当时南方充溢的魔幻与想象。

第一辑

在把追求财富当成社会前进的唯一目标时，整个民族形成的心理趋同，已经产生了一股巨大的颠覆性的力量。这股力量既能颠覆我们代代相传的贫穷，也能颠覆我们这个民族特有的与自然两情相悦的理想生活。

重建诗意的生活

一

近年来，有一个声音令人颇为兴奋，那就是保护我们的环境，重建美丽的家园。

人类的历史是一部冲突与竞争并存的历史，它每前进一步，在获得新的生活的同时，也得到了新的忧患。改革开放二十多年来，中国的经济建设取得了举世瞩目的巨大成就。我们的改革开放有着无穷的动力，将整个中华民族的创造力顷刻间释放了出来，然而为了最快地、最大限度地发展经济，我们的环境也遭到了一定程度的破坏。

今天，我们走在北京、上海、深圳等流光溢彩的现代化大都市里，面对那么多撼人心魄的风景，有谁不为我们这个民族选择的发展方向而骄傲？但是，当我们放宽视野，看到广袤国土上日渐萎缩的森林、污染严重的河流、日益扩大的沙漠以及城市里混浊的空气时，我们是否还能保持一颗快乐的心呢？

之所以这样说，是因为我看到，在把追求财富当成社会前进的唯一目标时，整个民族形成的心理趋同，已经产生了一股巨大的颠覆性的力量。这股力量既能颠覆我们代代相传的贫穷，也能颠覆我们这个民族特有的与自然两情相悦的理想生活。

中国的《易经》，是探讨人与自然关系的一部充满智慧的哲学大书。它的主旨，是探讨"道"的盈虚消长、穷通变化。所谓道，即是客观存在的自然法则。在这个法则里，人不可能成为自然的主宰，而只能是自然的一部分。我们的祖先看到这一点，因此提出了"天人合一"的观点。从这一观点出发，老子写出了《道德经》。在这部体现了东方智慧的著作里，老子告诉我们，只有遵循自然法则来处理自己的事务，或者说规范自己的生活，我们的心灵才拥有真正的美德。道与德的完美结合，就是古人所推崇并追求的"天人合一"的境界。

遗憾的是，人类的生活，很少能达到这一理想化的高度。迫于贫穷的压力以及对财富的永无休止的渴望，我们许许多多的同胞，自觉自愿地被改造成"经济动物"。在这种生存状态下，这些人已丢失了理想，支撑他们生命的，只有目的和动机。

二

我并不认为某一种社会形态下的文化模式是一成不变的，甚或是神圣不可侵犯的。但是在中华民族的传统中，如对自然的钟爱，对宇宙的敬畏，以及悲天悯人、忧患长存的智者情怀，我们的确不应该舍弃。

人与自然的完美结合，不但产生了历史久远的农业文明，也产生了我们诗意的生活。魏晋时期的陶渊明，为我们设计了一个"桃花源"；唐代的王维，为我们描绘了一个迷人的辋川。这两位才华横溢的大诗人，都把自己向往的居住环境描画成一个童话的世界。在古人看来，人与自然的关系，不仅仅是物质的，同时也是精神的。换句话说，美丽的家园亦是精神的故乡。

我个人认为，一个人精神世界的成熟，有两个显著的标志：一是充满爱心，二是存有敬畏。处理社会与自然的关系，先哲的态度是"有所为有所不为"。有所为者，是因为我们的爱；有所不为者，是因为我们的敬畏。

爱与敬畏，不仅仅是我们处理人类事务的法则，同时也是与自然相处的法则。诗仙李白优游于山水，发出了"相看两不厌，只有敬亭山"的感叹，从物我相吸到物我两忘，人与自然已经融合成一个美丽的整体；爱国词人辛弃疾行舟于水上，发出了"我见青山多妩媚，料青山见我应如是"的歌吟：这种充满爱意的表达，不仅仅是人的倾诉，更是自然的声音。

但是，在我们的历史中，也有把爱变成恨，把敬畏变成无所顾忌的时候。

我们像塞万提斯笔下的堂吉诃德一样，提着那可怜的长矛到处征战。我们不惜与自然为敌，得到的回报是，饥饿与贫穷像瘟疫一样紧跟着我们；而自然，也不再把我们当成朋友，地震、洪水、干旱……可怕的灾难接踵而至。此情之下，自然生态与精神生态都遭到了空前的破坏。天怒人怨，预示着一个时代的终结。

恨的终结并不等于爱的开始。当我们的民族从噩梦中醒来的时候，它首先获得的是身体的反应，而非灵魂的诉求。挨过鞭子的肌肤，感到疼；空洞洞的胃，感到饿。正是这样一些具体的感觉，决定了我们这个国家新的奋斗目标。"以经济建设为中心"这个基本国策的提出，其时代意义在于，我们的执政者终于明白了一个简单的道理：贫穷不是社会主义。只有消灭了饥饿，我们才有可能走向幸福的起点。

英国人文学家雅可布·布洛诺夫斯基讲过："人是非凡的，并不因为他从事科学，也不因为他从事艺术，而是因为科学和艺术都是人类头脑惊人的可塑性的表现。"中国二十多年来取得的经济建设的成就证明了这一点，中华民族虽然古老，但它的可塑性依然无与伦比。"以阶级斗争为纲"的时候，我们的国土上成长起一批又一批窝里斗的高手；当财富成为衡量一个人是非成败的尺度时，又有许多陌生的面孔，成为大众崇拜的对象。

三

每一个时代都有属于自己的弄潮儿，但历史的经验提醒我们，一个国家的命运不能与弄潮儿的兴衰联系得太紧。由此我想到：让一个民族消沉下去，或者亢奋起来，都不是一件难事。但让一个民族理智起来，并保持恒久的激情，则需要非同寻常的政治智慧。

对财富的渴望，使我们产生了亢奋。现在，重新摆正人与自然的关系，建设诗意的生活，能否再次调动我们的激情呢？

诗意的生活包括了很多内容，诸如安全感、舒适感、优雅的环境等等。近年来，随着财富的累积，国人的幸福感却普遍降低。乍一听觉得不可思议，再仔细一想，便不觉得奇怪了。幸福与财富虽然有着直接的联系，但财富并不等同于幸福。财富可以满足一个人物质的需求、感官的享乐，却不能让人获得心灵的平静，更不可能帮助我们获得仁慈的心境、道德的美感。多少年来，科技兴国的口号已深入人心，对于提升国力、获取财富，科技无疑是最为强劲的驱动力。但对于人类的心灵，科技却显得束手无策。换而言之，幸福不是一个技术的概念，而是一个心灵的概念。现在，我们讲以人为本，就是要时刻关注民生福祉，建造诗意的生活。

我所说的诗意的生活，应包括人与自然两个部分。古人言："仁者乐山，智者乐水。"这里的仁智之士，即是我们今天所说的知识精英。任何一个时代，那些与自然为敌的人，都会遭到知识精英的痛斥与批判。当今之世，作为社会良知的知识精英，已日益被边缘化。物欲膨胀而带来的拜金主义、享乐主义淹没了智者的声音。面对经济腾飞背景下的道德真空，以及人与自然关系的极度扭曲，我们的知识精英，绝不能仅仅只发出"前不见古人，后不见来者。念天地之悠悠，独怆然而涕下"的哀叹，而是应该真诚地告诫国人：以人为本，不能只强调人的物质的一面，更应该关注人的精神的需求。所谓诗意的生活，它对应的不是物欲横流，也不是人定胜天，而是人与自然的相亲相爱。

四

佛家说，有多少执着，就有多少束缚。

不能简单地把佛理解为一个宗教的概念。中国的汉字赋予它特别的含义：人为为伪，人弗为佛。这意思是：凡是人所刻意追求的东西，就一定是伪的，不合乎天道的；凡是人所不肯作为的，就必定是佛的境界。

中国的先哲，由此悟到机心与道心的区别。机心，指一个人处理事务的方式以利益至上，有伪的成分；道心，就是顺应自然的规律，培植悲天悯人的优雅情怀。禅宗五祖弘忍告诫弟子要"看住自家心"，就是提醒他们不要坠入执着与妄想之中。

遗憾的是，在财富至上的现代社会中，我们的机心越来越发达，变化多端，迷不知终其所止；我们的道心却日渐迟钝，犹如古道西风中的瘦马。整个人类偏离了理想的轨道，迷失了生活的方向。人与自然的相亲，变成了人对自然的掠夺。人类越来越自私了。在提倡"天人合一"的中国，这一点也不能幸免。自然中所有的物质，不管是森林、河流、矿山或土地，甚至小心翼翼生活在远离人烟地区的藏羚羊，或者是藏于春天深处的一声蛙鼓，都被贴上商标，从中榨取金钱。如此作为，似乎只有一个动机，为的是在全球的财富争夺战中，得到一个名次。

从道心出发，我们可以合理地利用自然，开发自然；从机心出发，我们的很多活动都体现了极端的功利性。为了暂时的辉煌，我们不惜伐林驱雀，竭泽而渔，这是多么愚蠢，又是多么可悲的举动啊！

说到这里，请允许我讲一个小故事。

三十五年前，我作为一名知识青年被下放农村，在大别山深处一个小小的村落，一位年届五十的老农民接待了我。这位农民一辈子到过的最远地方，就是二十里路外的区政府所在的一座小镇。局促的视野，使他对生活没有任何奢望。他没有故乡的概念，因为他不是浪迹天涯的游子。闲谈中，他听说我到过北京，便问我见过毛主席没有，我说没有。他顿时感到十分诧异，问道："你和毛主席住在一条街上，怎么见不到他呢？他难道早晨不出来挑水吗？也不出来买菜吗？"听到这句问话，我立刻笑了起来，这是一种嘲笑。去年，我又回到了那个小山村，老农民还健在，已经八十多岁了。他的笑容仍像当年一样憨厚，仍然过着那种"日出而作，日落而息"的劳动生活。所不同的是，村子周围的山林都分给了农户，老农民将属于他的那片山林，培植得非常茂密。他领着我走进那片森林，告诉我这些树是怎么种养的，这一棵树为什么长得很快，那一棵树为什么长得很慢。什么时候，林子里出现了锦鸡；又是什么时候，豹子在这林子里叼走了山羊……他娓娓道来，没有任何惊世骇俗的故事，但我仍被他的谈话深深地吸引。我们这个时代已经过分地矫情，到处都是"真士隐去，假语村言"，可是，在这个老农民的口中，我听到了已经久违的童话。我当年曾嘲笑过这位农民，现在，这位农民却用他平淡无奇的生活，嘲笑了我们整个时代。

这位老农民不懂得科学，也不会想到借用那些稀奇古怪的名词来装饰自己的人生，但我依然敬重他生活的智慧。他的生命中，充满了爱与敬畏，所以他没有机心。在力所能及的范围内，他建造了诗意的生活。

20世纪初，蔡元培先生阐发明代大儒王阳明的观点，提出"知行合一"。一百年过去了，这口号不但没有过时，反而更显出了它的紧迫性。正确处理人与自然的关系，我们不但要"知"，更要身体力行。几年前我到西安，专程去了一趟辋川，结果大失所望。王维笔下的人间仙境已不复存在，既无蓊郁的松林掩映明月，亦无潺湲的清泉在石上流淌，眼前所见，是一片裸露的黄土地。毋庸置疑，这是人伤害自然的结果。在我们的生活中，土地的沙漠化与感情的沙漠化是同时进行的。重建美丽的自然，我们不能没有爱，构建诗意的生活，爱更是须臾不可或缺。我衷心希望，诗意的辋川重新回到荒凉的西北，爱与敬畏重新主宰我们的生活。

2004 年 10 月 11 日

在中国海洋大学的演讲

旧体诗词与当代生活

尊敬的各位诗人、专家和学者，一个月前，首届海峡两岸中华诗词论坛的组织者、湖北诗词学会会长罗辉先生，邀请我在今天的学术交流会上做一个简短的发言。我本想推辞，但罗会长坚持要给我一个机会，于是我就站在这里了。我今天发言的题目是《旧体诗词与当代生活》。之所以选择这样一个话题，是因为可以借此避免谈高深的理论，那实在不是我的强项，我只是结合自己的写作经历，谈一点实际的感受。

我从事文学创作已经四十多年，早年写诗，后来又写散文、小说、戏剧和电影剧本。20世纪90年代以前，文化圈内的人都把我称作诗人。早在1980年，我即获得中国作家协会评定的全国首届中青年优秀新诗奖。随后，又连续出了四本新诗集。所以说，朋友们称我为诗人也未尝不可。但有一个秘密大家都不知道，我学习写诗的最初，不是写新诗而是写旧体诗词。

我的祖父与外祖父都是读书人，但我的父亲母亲因为在少年青年时代遭逢乱世而失去了读书的机会。正因为如此，父母对我读书寄予了很大的希望。我的继外祖父也是一位读书人出身的老中医，他不但医术好，书法与旧体诗词的写作也在当地颇有名气。我四岁就跟着继外祖父背诵诗词，五岁时就开始跟着他对对子，从一个字开始，后来对到五十个字，他说"绿"，我对"红"，他说"绿叶"，我对"红花"。如此数年，终于培养出我对中国文字的敏感以及初步的应用技巧。大约十岁之后，我就尝试写对联、绝句。十三岁时，外祖父出城去问诊，我跟着他，对着芳菲三月，外祖父给了《春景》这个题目，让我写五言绝句，我脱口说出"花如初嫁女，树似有情郎"这样的句子，外祖父大加赞赏。但是，一个十三岁的少年，确实不知道"初嫁女"应该是个什么样子，之所以能这样写，应该是数年进行诗词语言训练的结果。

几年之后，我成了一名下乡知识青年，由于受到的家教，遇事我还是用旧体诗词来表达，但村子里让我办黑板报，我的诗词写作立刻受到了限制。我无法在规定的句式、格律、对仗中完成对生活对象的描写，比如说"阶级斗争""农业学大寨""广阔天地，大有作为"这样一些语言，的确没有办法进入格律诗。由此我认识到，旧体诗词写作的年代，适合传统的农耕文明时代。我比较熟悉明朝，在其二百七十六年的历史中，文风与用词都没有太大的变化，从《明史》中留存的第一位皇帝朱元璋的《登极诏书》到最后一位崇祯皇帝的御批，我们从文字上看不到有什么变化。语言是社会生活的反映，语言环境的单纯反映出社会生活的单调。终明一代，农耕文明的社会环境没有发生根本的转变，所以，诗词创作的环境上承唐宋，也没有发生什么动摇根基的转变。但进入工业文明之后，传统诗词不再可能成为表现生活的主流文体。随着时代的变迁，我们的文学样式越来越散文化、自由化，这就是我们的中国古典文学为什么从《诗经》、汉赋、唐诗、宋词、元曲到小说是一个逐步散文化的过程。到现在的电影、电视、网络文学的出现，从中可以看出，主流文学的走向越来越复杂，离传统的诗词越来越远。

我喜欢旧体诗词，但十八岁时在农村办黑板报，遭逢了第一次障碍。从此，这障碍便如影随形，跟随我四十多年。

传统的格律诗词是建立在以单音节词为主体的语言环境中。在它成形的唐宋朝代，当时的诗人描写身边的生活，并不会感到这种严格的形式对他有任何的约束。可以说，在当时的社会形态中，有百分之九十的生活是可以用诗词来表现的。但在当今，纷繁复杂的社会生活十之八九是旧体诗词无法表现的，像"GDP""国际贸易顺差""中国特色社会主义""哥本哈根协定"这样的词语，与旧体诗词的创作要求可以说是风马牛不相及。

但是，有一点要特别指出的是，虽然旧体诗词在描写现代生活时毫无优势可言，但在抒发感情、描写心灵的领域里却具有无与伦比的优势。支撑现代社会生活的，是政治、科学和经济。在这三大领域中，表现可以说是日新月异。每一年，都会有很多的词语诞生，当然，也会有很多词语死亡。对于一个习惯于过传统的生活，愿意与自己的心灵对话的人，这种现代生活很无奈。大约在十五年前，我在一篇散文里就说过："对于喜欢心灵生活的人来说，科技是一场瘟疫！"因此，我每天都在面对一些事物，也在抗拒一些事物，在面对与抗拒中，旧体诗词的写作给了我心灵很多慰藉、很多帮助。今天，我们再也不能驾一叶孤舟到江湖中去，也不能坐一辆牛车优游在乡村泥泞的路上。

但是，我们面对一朵花的开放、一片秋叶的凋零，同李白、杜牧、王维、苏东坡等唐宋时代的伟大诗人所看到的春花秋叶，并没有什么两样。他们没有坐过飞机、高速列车，这又有什么要紧呢？在物质的世界里，我们无法传统；但在精神生活中，我们完全可以排斥现代。描摹心灵生活，旧体诗词不但不会让我们捉襟见肘，反而让我们的感情变得典雅起来，古朴起来。

自从20世纪初新诗问世以来，一百年来，新诗与旧体诗词两者之间优劣与取舍的争论，一直没有停止过。毛主席曾说过，给他一百块大洋，他也不读新诗。我没有他这么绝对，我既读新诗，也写新诗；既读旧诗，也写旧诗。新诗与旧诗，虽然都是诗，但两者的创作无论是遣词造句，还是选取的题材都大相径庭。从二十岁开始，到三十五岁，我基本上是以新诗写作为主；三十五岁之后，很长一段时间，我是新诗旧诗都写；五十五岁之后，我几乎只写旧体诗词了，每年写作的新诗，不会超过十首。原因很简单，当我不再想在生活中扮演强者，我便愿意过恬静的心灵生活，在这种生活中，读古人的诗，然后又像古人一样写诗，便是一件非常有乐趣的事。

2014年10月6日
在首届海峡两岸中华诗词论坛暨聂绀弩诗词奖颁奖大会上的演讲

中国的读书人

一

今天到这里和同学们交流，看到这个报告厅里人都坐满了，很多同学站着听我的讲座，我很感动。很高兴能够跟你们交流，因我这次到广州来是参加"南国书香节"的，因此准备的讲稿便与读书有关。我今天演讲的题目是《中国的读书人》。

读书人全世界都有，但我今天只讲中国的读书人。大家会问，中国的读书人与外国的读书人有什么不同吗？我要告诉你们，不同的地方太多了。我认为一生只读专业书的人，不是真正的读书人。读书的真正快乐，在于读闲书、读杂书。专业书养志，闲杂书养心。西方的读书人，大多数专注于专业方面的书籍，所以好认死理、坚守原则。中国读书人要谦和一些、通融一些。这就是不同。

我们在座的每一个人都是读书人，我认为当个读书人是一件很快乐的事情。今天改革开放，提出了"科技就是生产力"的口号，学理科的知识分子地位大大提高。以两院院士为代表的科技精英，都成了光环中的人物。相比之下，文科知识分子的社会地位，却明显地衰落了许多。我获得了茅盾文学奖第一名，奖金是三万元。国家最高科学技术奖奖金是五百万。这就是差别。我这么说，不是忌妒人家科学家，他们造福人类、造福国家，应该得到足够的荣誉和财富。我只是想说明，时代风气改变了，读书人的差别也就显现出来。现在是科技时代，因此也就是科学家的时代，文学家们不再受到社会的普遍关注，是一种很正常的事情。尽管如此，我仍然觉得我这样一位从事文学创作的读书人，生活在当今这个时代，是一种福气。

二

读书不是一种职业，不同身份的人都可以从阅读中获得快感。我们讲读书人，应该有两种不同的解释。一种是知识分子的代称，另一种是有读书爱好的人。这两种解释都行得通，只不过对应的问题不一样。我现在先说说第一种读书人。

在中国古代，尽管当官始终是最荣耀的事情，但人们认为最好的生活方式，或者说最好的职业，却不包括当官。尽管我个人认为，终生当一个读书人是最好的生活方式，但古人并不这样认为。古人将贤人分为渔、樵、耕、读四种，第四种才是读书人。同学们也许会问，为什么要把渔翁放在最前面呢？打鱼的人出没于风波里，社会地位那么低，有什么好的？在这里，我用三个例子来说明渔翁的了不起。

第一个故事是在春秋时期，当时中国的长江流域有三个诸侯国，楚国、吴国和越国。在公元前 6 世纪末期，楚国最强大，但是楚国的国君楚平王很平庸。楚平王派使者到秦国为自己的儿子找媳妇。春秋战国时期，各国互相通婚的现象很普遍，这叫政治联姻。楚平王之所以要到秦国找一个儿媳妇，是为了他"西结强秦"的政治目的。应该说，这个想法是不错的。但是，等到秦女来到楚国都城的时候，他一看到这位秦女很漂亮，便舍不得给儿子了。于是他听信奸臣的话，把这位秦女纳为自己的老婆。这件事遭到朝中老臣伍奢的极力反对。楚平王于是杀了伍奢一家三百余人，只有他的第二个儿子伍子胥逃了出来。"伍子胥过昭关，一夜白了头"的故事，同学们应该知道。我今天就讲伍子胥是怎样过昭关的。伍子胥历尽磨难逃到昭关，这是吴楚分界的边城。此时，前有大江堵截，后有楚平王派的追兵，跑不掉了。在这生死存亡的关头，突然，芦苇深处荡来了一只小船，一位老渔翁一边唱歌一边把船摇到伍子胥跟前，说："你上船吧。"伍子胥刚刚上船，楚国的追兵就到了岸边，追兵高叫渔翁将船开回来。渔翁笑了笑，仍是一边唱歌一边将船摇到江中心。伍子胥脱离了危险，他非常感谢这位渔翁，把老人尊称为丈人，说："丈人，我该怎么感谢你呢？"渔翁反问："你说怎么感谢我呢？"伍子胥说："我这里有一把祖传的宝剑，我把它送给你。"在春秋时期能够将自己最好的剑送给别人，这是最高的馈赠。伍子胥的这把宝剑上镶嵌了很多宝石，而且他带着这把宝剑参加了很多次战斗，因此伍子胥觉得将这把宝剑送给渔翁，最能表达他的感激之情。谁知，渔翁笑了笑说："我知道你是伍子胥，我知道楚王在追杀你，我也知道楚王悬赏的价值，如果我将你交出去，我不但可以得到爵位，还可以得到五千顷的土地，可以说是封侯拜相啊！我连那个都不要，我还要你这把剑吗？"伍子胥非常感动，渔翁仍然一边唱歌一边摇船将伍子胥送走。当伍子胥上岸，再回头一看，小船上已经没有人了。那位渔翁已经沉江自杀了，他知道自己回去就会被楚王的军队杀掉，于是干脆沉江。这是中国历史上渔翁的形象，渔翁是智慧的化身，是英雄的化身，也是有儒雅之气的侠客的化身。伍子胥后来逃到吴国，帮助吴国强大起来，现在的苏州就是他建的。

第二个渔翁的故事，发生在战国晚期，与伟大的诗人屈原有关。屈原的不朽之作《离骚》可以和《荷马史诗》媲美，是中国文学发源期的高峰。屈原是楚国的高官，屡进忠言而遭到国君排斥。楚国灭亡之际，屈原已被放逐到郢都之南——就是今天湖南汨罗县，他悲愤交集，准备投汨罗江一死了之。屈原走到江边，正准备投江，这时他遇到了一个渔翁。渔翁问屈原要干什么，屈原回答说他要自杀，楚国被灭了，奸人当道有什么意思，还不如自杀算了。这时渔翁针对屈原"众人皆醉我独醒"这句话，回答说你应该"淈其泥而扬其波"。渔翁的意思是：世人都醉了你一个人醒着干什么？就像世上的水都浑浊了，大家都喝不干净的水，你也喝啊，你应该随其流而逐其波。渔翁这是告诉屈原：你要接受这个时代，你要接受命运给你的安排。但屈原没有接受渔翁的劝告，还是倔强地沉江了。这位渔翁的形象也随着屈原的故事一同留在了中国的历史中。这个渔翁是中国老庄哲学的代表，明哲保身，不与世界对抗，只讲求"独善其身"。

现在讲第三个渔翁的故事。大家还记得《三国演义》开篇的那首词吧："滚滚长江东逝水，浪花淘尽英雄。是非成败转头空。青山依旧在，几度夕阳红。白发渔樵江渚上，惯看秋月春风。一壶浊酒喜相逢。古今多少事，都付笑谈中。"这是明嘉靖年间状元出身的杨慎写的一首词。这个杨慎学问很好，但官运不佳，因为参与大礼案，与嘉靖皇帝结下不解之仇，被流放云南，终生不赦。他的这首词成了《三国演义》的主题思想。杨慎是在流放的路上写下这首词的。个人的坎坷遭遇，让他羡慕一辈子与世无争的江上渔翁。从古到今几千年，今天这个朝代垮掉了，明天那个朝代建立起来了，在渔翁的眼里，这只不过是太阳从东边升起从西边落下，是自然的规律。人间的兴衰更替，不必看得太认真。渔翁在日夜流淌的江河上，长年累月看着秋风春雨，不会被小人构陷，不会被功名所累，多好呀！

通过以上这三个渔翁的形象分析，大家就知道"渔樵耕读"，为什么要把渔翁放在第一了。中国的四大贤人排座次，不是皇帝排的，也不是外国人排的，而是中国的读书人给自己排的位置。渔翁是独善其身的，他永远那么悠闲，这是读书人将他摆在第一位的原因。读书人羡慕渔翁的那一份平淡、那一份悠闲。渔翁充满智慧，但是他并不用这样丰富的智慧去博取功名。中国古代读书人从思想深处是认同这样一种思想态度的。大家不难看出，渔翁是读书人理想的化身，是老庄哲学的典型代表。渔翁在沉重的世俗生活中，显得那么飘逸、那么超然。正因为如此，渔翁经常担任历史仲裁者的角色。没有渔翁，我们的历史便缺乏第三者的眼光，即客观的眼光。历史有成功者的历史，也有失败者的历史，还有旁观者的历史，渔翁是作为旁观者来看待我们的历史的。

三

下面我要说一下读书人。读书人也有三种：一种是积极创造历史的，一种是积极塑造自己人品的，还有一种比较接近渔翁，即以一种豁达悠闲的心情看待周围发生的一切。有一副对联，叫"看门前花开花落，望天上云卷云舒"，这是最典型的第三种读书人。

我们先说第一种积极创造历史的人。屈原梦想破灭，因此结束了自己的生命；班超将笔一丢，说大丈夫每日坐在书斋里有什么意思，应该到边疆厮杀，争取封侯。这都是为时代效命的一种方式。这一种人有很多，伍子胥是这种人，范蠡是这种人，秦始皇的宰相李斯、汉高祖的军师张良以及诸葛亮、王安石、张居正、翁同龢等等，都是这种人。这种人是立功的，他们心存社稷，铭记苍生，鞠躬尽瘁，死而后已。还有以孔夫子为代表的一种读书人，是立德立言的。如司马迁、贾谊、朱熹、陆九渊、王阳明等等。此类人中，还有诸如李白、杜甫、苏东坡、曹雪芹等一批又一批文学家。这样一批立德立言的读书人，总代表还是孔夫子。孔夫子最早的志向不是当思想家，而是当政治家。他惶惶如丧家之犬，各处游说，希望能得到一个平台、一个治理国家的机会，但是国君们都不愿意用他，认为他是书呆子。这实际上是老天爷帮了他。他如果去当一个入世很深的政治家，就不可能有第三者的眼光来看待社会的变化，最后成为中国的万世师表。现在全世界很多地方都建有孔子学院，许多国家都在研究并吸收他的思想。如果他当了政治家，不会比伍子胥或者李斯干得更好。伍子胥与张居正一样，都是楚狂人，都是我的老乡。他这个人在政治上是很有建树的。他这种读书人，是建功立业的代表。

建功立业的人，命运一般都不好，不是像伍子胥那样被赐死，就是像诸葛亮那样被累死。孔子想建功立业，想当政治家，没当成是他的福气。处理当下的政治，他便没有时间独立思考问题了，也没有可能当大思想家了。今天，也就没有那么多人研究他了。

在以孔子为代表的第二种读书人的方阵里，其人性的光芒、智慧的魅力，甚至比第一种读书人更为灿烂。这里再讲两个唐代的故事。

现在人们认为，只有那些对生活丧失了信心的人才出家当和尚，认为遁入空门是一种逃避现实的方法。其实在唐宋两朝，当和尚也是实现人生理想的一个很重要的手段。有这么一个故事：唐代有一个皇帝非常喜欢佛教，也很喜欢当时一位名满天下的大和尚马祖。有一天，他终于把马祖请进了皇宫。可是马祖见到皇帝不下跪，大臣们就问他为什么见到皇帝不下跪。马祖回答说：我见皇帝不能下跪，因为他是管理天下众生的，是人王；我呢，我是法王，是管法的。这个法不是法律，法王也不是政法委书记，而类似于西方所说的宗教领袖。在老百姓心中，法王就是神的化身，是佛的化身。马祖的法王之说，是对皇帝权威的一种挑战，但皇帝并没有迁怒于马祖，这表明唐朝皇权的宽容与宗教情感的培育状态。

第二个故事是说明读书人的无行。唐代有一个大诗人叫骆宾王。武则天时期他写了一篇《讨武曌檄》，这篇文章收在《古文观止》里，是一篇最好的檄文。骆宾王这个人当过小官，怀才不遇，每天在长安街上喝酒，天天都是烂醉。他酒鬼的名声和他才子的名声都很大，皇帝都知道。有一次外国进贡美酒，皇上品过之后，说真是好酒啊。他想起骆宾王也很喜欢酒，就吩咐身边的太监也给他送一坛去。多不容易啊，皇帝并没有因为你骆宾王官职卑微，就高高在上，不跟你来往。那时候从皇帝到一般老百姓，都爱惜和尊重有才华的人。这一点跟今天有点不大一样，现在是谁有钱谁就是大哥大。且说两个太监抬着一坛子酒在长安酒家一家一家找，最后在一个小酒馆，类似于我们广州的大排档里找到骆宾王。当时骆宾王已经半醉了。那个时候也没有说来圣旨了就要下跪接，太监说明来意，骆宾王就把送来的酒尝了一尝，连声称赞："哎呀，真是好酒！"骆宾王于是找店小二要了一只木盆，把美酒倒进盆子里，然后脱了袜子洗脚。这一下在场的人都大吃一惊，用皇帝御赐的美酒洗脚，这可是闯了大祸了。有人就问骆宾王："你吃了豹子胆啊，怎么敢用皇帝送给你的美酒洗脚？"骆宾王说："皇帝送酒时并没有说这酒只是送给我嘴的，没有说吧？要知道脚也是我骆宾王的，嘴也是我骆宾王的。我如果只管嘴不管脚，岂不是欺上瞒下？"你们听，骆宾王回答得多么巧妙。他是借着美酒来说事儿呢，讽刺皇上身边的大臣欺上瞒下。太监回到后宫中，把这件事说给皇帝听，皇帝只是笑笑，并没有责怪骆宾王。所以我说，唐代皇帝胸襟宽广，尊重文化人，而文化人也能够特立独行，保持自己的文化品格。

四

在历史上，骆宾王这样的读书人还不算是另类。按品性划分，读书人也可分为三类：狂生、狷生和乡愿。狂者不拘小节，但有担当天下事的勇气；狷者执着，有一往无前的决心；乡愿比较玲珑，会做人。

一般来说，狂者有个性，比较遭人忌。李白诗"我本楚狂人，凤歌笑孔丘"，他是以狂人自居的。敢以狂人自居的读书人，历史上每个朝代都不少。

继骆宾王之后，晚唐有一个大诗人叫杜牧，他不算狂人，但也有狂人那种与世俗抗争的勇气。杜牧非常有才，官也比骆宾王做得好很多。他最大的官职按照今天来说，是最高人民检察院的检察长，那也是副总理级别了。他当初在淮南节度使牛僧孺幕中当幕僚的时候，就是出了名的风流才子。杜牧在扬州，最大的乐趣是下班之后去泡妞。扬州在唐代是最繁华的城市，相当于今天的上海，城里头到处都是青楼酒馆，最漂亮的女孩子都跑到扬州来了。有一句话说，"腰缠十万贯，骑鹤下扬州"。杜牧天天都跟这些女孩子泡在一起。他毕竟是政府官员，哪能这样胡闹呢？于是有人跑到牛僧孺跟前告他的状。牛僧孺听了只是笑了笑，每天偷偷派几个便衣警察跟着杜牧，不是伤害他而是保护他。

三年之后牛僧孺升官了，走之前，他把杜牧叫到办公室。只见他的书案上摆了老大的一只箱子，他让杜牧打开箱子，只见箱子里放着一扎一扎的纸条子，都是杜牧到妓院去平安归来的记录。杜牧这才知道牛僧孺一直派人暗中保护他，因此对牛僧孺非常感激。但他秉性难改。

多少年之后，杜牧回到长安当了监察御史。那时候长安城的达官贵人家里，每天晚上都有堂会。那时候的达官贵人家里都养着歌舞班子。有一个京兆尹，家里歌舞班子非常有名，其中有两个很有名的舞女，歌唱得相当好，像现在的超女这样，名气大得很。这个京兆尹经常请人到家里吃酒席看歌舞，但是从来没有请杜牧。杜牧就很奇怪，问朋友这个京兆尹为何不请他。朋友说不敢请你，你是管司法的官员，怎么敢请你呢？他一听，当天晚上跑去京兆尹的家，说你不敢请我，我自己来了。刚坐下就问："谁叫紫云啊？"紫云就是那个红得发紫的舞女，当时长安城中的超女。他让紫云坐在他旁边，陪他喝酒，给他唱歌。这是唐代的读书人。"文人无行"这句话，在唐朝表现得比较充分。

五

现在，我再讲一讲第二个问题，就是读书人承担社会功能的问题。每一个读书人都承担着社会责任，有的人当渔翁，有的人当李斯，有的人当李白，等等。每一个读书人都是不同的。为什么他们承担的功能不一样？换句话说，为什么他们的文化身份千差万别呢？这是因为他们在读书的过程中汲取的知识和他们传承的关系不一样，后世对他们精神的领悟程度也是不一样的。世界上有两种文化，一种文化是以毁灭为能事，另一种文化则致力于创造。这么说，大家可能不好理解。为什么说以毁灭为能事呢？所有的改朝换代都是毁灭，不破不立嘛，破就是毁灭，将旧的东西打破，这个过程就是毁灭的过程。我们现在的改革，重点在经济的发展，这就是一种创造。历史上有一个奇怪的现象，往往改朝换代，毁灭旧的王朝的时候，不读书的人起了重要作用，读书人却只是配角。唐人的诗"坑灰未冷山东乱，刘项原来不读书"，是讽刺秦始皇焚书坑儒的，但也道出了"英雄未必是书生"的道理。刘邦和项羽，两个人都胸无点墨，是大老粗，但两人推翻了秦王朝。他们是大英雄，善于毁灭，却不善于建设。在建设一个世界的时候，读书人的优势就明显地表现了出来。读书人的分别在于，有的人愿意研究毁灭一个世界的学问，而更多的读书人，是为我们的社会承担建设的责任。

有着建设责任的读书人不见得要当官，但一定要有专门的知识。三百六十行，行行出状元。当今社会中，这些状元就是两院院士，就是各行各业的带头人，就是那些大公司的老板。我常和人讲，当一个时代的建设者，是有福的。金戈铁马、刀光剑影的生活，虽然刺激，但不是每一个人都喜欢的。而对于赚钱的差事，大部分人都有积极性。如今到了知识经济时代，没有专业，赚钱是很难的。但这些赚钱的、经邦济世的学问，不是说你泡吧、泡妞可以泡出来的，你必须下苦功夫去学习才能掌握。人间的学问很多很多，当今之世同古代不一样，学问分得很细，非常非常细。就说你们华南理工大学，设置了多少个专业？每个专业里，又容纳了多少学科？我曾经在另外一个地方说过：知识是有方向性的。比如说科学技术所承担的任务是创造世界；人文科学，我们的哲学、文学、法律、经济等等这些文科的学问，是用来管理这个社会、管理这个世界的。这就是知识的方向性。美国建国以来的总统百分之九十是学历史、学哲学、学法律出身的，他们所学的知识在他们管理国家时起到非常重要的作用。如果你是科学院院士、工程院院士，你就应该在科技领域为国家进步做贡献。没有他们，"神六"上不了天啊！但是，管理国家、创新制度，就应该让更多的学习人文科学的读书人来承担责任。这就是知识的分工。

六

说了读书人承担社会功能的问题，我还想专门说一说读书人的领悟能力、智商和情商的问题。首先，我提醒大家，千万不要小看那些书读得不多的人，他们中的佼佼者，智慧可不见得比我们读书人低。这里面最典型的例子，就是我们广东的一位前辈，一千多年前的惠能，也就是禅宗六祖。惠能是一个大字不识的文盲。有一天他到一户人家卖柴火，听到东家在诵《金刚经》，听到"应无所住"四个字时，他忽然就领悟了。惠能听完之后就问这是什么书，有人告诉他是《金刚经》。惠能又问现在最懂这个经的人在哪里，人家告诉他是禅宗五祖弘忍，住在黄梅东山五祖寺。惠能听了之后，千里迢迢从韶关穿过江西，从九江渡过长江来到湖北黄梅的五祖寺。惠能的广东口音很难懂，他到了五祖寺后，弘忍大师问他是从哪儿来的。惠能回答说是岭南。那时候中原人对广东人很蔑视，称呼广东人是"獦獠"。弘忍问，你一个獦獠怎么学佛？惠能立即回答说："人有南北之分，佛性并无南北之分。"这使弘忍大师大吃一惊，于是把惠能留了下来，但还是不让他出家，而是让他随众劳动。和尚们每天的任务是听经讲经，而惠能的任务是种菜做饭。惠能入寺八个月之后，弘忍命各人呈上一首偈语。这实际上是一场考试，他要选择继承人。但惠能没资格参加，因为他还不是和尚。弘忍的弟子上千人，最有学问的一个弟子叫神秀，和尚们称他为上座，相当于今天的学生会主席，其地位仅次于弘忍。神秀为了显示自己的才能，写了一个偈，类似于今天的打油诗："身是菩提树，心如明镜台，时时勤拂拭，勿使惹尘埃。"所有的人都说他写得好，夸他学佛十七年，了解了佛的真谛。惠能这位"獦獠"不识字，就请人念给他听。听了之后，他说我也有四句，但是他写不了字，便让人帮他写。他口授的四句是"菩提本无树，明镜亦非台，本来无一物，何处惹尘埃"，一下子推翻了神秀对佛的理解。和尚们都耻笑惠能胡说八道。弘忍看了惠能的偈语后，当夜就把惠能叫去，把世代相传的袈裟交给他，正式传给他衣钵。他知道神秀势力大，没有当上继承人，肯定会对惠能不满。于是让惠能连夜离开五祖寺，回广东老家去。惠能这四句偈，道出了禅宗的真谛，印度佛教的中国化，惠能功不可没。我们今天读到的《六祖坛经》，便是惠能讲授禅学的语录，是他的弟子们记录的。他同孔子一样述而不作，孔子述而不作，是摆老师的权威，惠能是因为不识字。神秀学富五车，但根器不如惠能，这根器就是领悟能力，也就是智慧。

孔子说有的人是"生而知之"，有的人是"学而知之"，这就是智商的差别。毛泽东一辈子掌握了这么多学问，可能有人学五百年都学不会。有人说毛泽东这样的天才五百年才出一个，这句话也不是完全没有道理。毛泽东既生而知之，又学而知之。惠能就是生而知之，这种人是天才。孔子和神秀这种人是学而知之，通过艰苦的学习参透知识，这叫人才。人才是可以培养的。我们所有的大学，所有的教育机构，都是为学而知之的人所创办的。我们的每一本书，都是为学而知之的人写作、出版、发行的。有的人读书读了一辈子，始终是一知半解，这就是领悟能力不够。大凡智商与情商比较高的人士，只要培养了读书的爱好，大都能够融会贯通，达到学而知之的效果。

最后我要告诉同学们：读书是快乐的，不要将快乐让给别人。这句话我是怎么想起来的呢？凤凰卫视每次为李敖的专栏节目做广告时说："李敖读书，我们读李敖。"我就想，读书是多么快乐的事啊！我们为什么要读李敖呢？那多枯燥呀！

我从十一岁时起，就养成了读书的习惯，每天不读几页书，会感到不舒服，晚上不读几页书，就睡不着觉。四十余年来，我从未改变每天读书的习惯。我喜欢在下雨天读书，喜欢在冬天下雪时读书，因为这个时候大家都很少走动。这个时候待在家里读书，感觉很快乐。我经常一到下雪的时候，心情就特别好，因为只有这样萧瑟的环境，才能给人非常充足的空间以及非常闲适的心情把书读下去。所以我说读书人的要求很低，只要天上有雨、有雪，只要有一盏清茶一杯淡酒，就可以读一本书，思考人生的大问题。这样的快乐你在读李敖时肯定找不到。所以我们不要读人，也不要去读周围世俗的风气，我们只要有一点点时间，就用茶用酒来相伴，度过一段愉快的读书时间。

附：回答听众提问

听众：熊老师，请问您写《张居正》用了多少时间？

熊召政：我读书读了五年，主要是研究明代的历史，然后写了五年，一共是十年。

听众：熊老师您好，我听您的演讲总是讲古代的，很少讲近代的。我想问一下您对鲁迅的看法。

熊召政：大约是因为我这个人线装书读得太多了，所以随手拿来的例子都是古代的。我非常喜欢30年代的一帮作家，包括巴金老人，我非常敬佩30年代这一批作家的成就。鲁迅在他那个时代，处于巅峰的位置，他的确是一个思想家，也是一个文学家，非常了不起。

听众：熊老师您好，听说您在四川文艺出版社出版了诗集、散文集以及长篇小说《张居正》，请您谈谈创作和读书之间的联系。

熊召政：我的《张居正》这部历史小说，最早是在长江文艺出版社出版的。这部书一共有四卷，分四年出完，一年出一本。为什么这样出呢？当时长江文艺出版社社长周百义，是我的责任编辑，对我用了一个激将法，他说："你可以一本一本地出，也可以一次出，这就要看你对自己有没有信心。有的人作品第一卷出来反应很好，后来写得不怎么样，到最后没有人看了。还有人一卷比一卷写得好，读者越来越多，后一种人愿意一本一本出。"我一想，我也不能说自己是前一种人，对写作没有信心，于是答应写一本出一本，这主要是为了给自己增加一点压力。去年获得茅盾文学奖之前，我重新来看这本书，发现有一些可以订正的地方。比如说，里面说到了奏折，其实明代只有奏本没有奏折，这样小的事可能读者不在意，但是作为一个对历史负责任的作家，不能因为读者忽略，你就可以忽略。因此我就将它做了一个订正，这个校订本就是由四川文艺出版社出的。这套书出得非常考究，我很满意。这个校订本究竟订正了多少处，我自己也不知道，改得密密麻麻。四川文艺出版社的责任编辑林文询先生告诉我，修订的地方有二千二百四十八处。

另外，我的散文集《青山自在红》，它是在写《张居正》过程中诞生的，是对历史的一些研究。我将这本书送给贾平凹，他说你这是将写《张居正》剩下的余料再回炉一次，变废为宝，很好。我说不是，我的这些文章体现了我的历史观，是我写作中很重要的一部分，与《张居正》相得益彰。这位同学问到我还写不写诗，我最后的一首诗《千年虫》是1999年写的，那之后我就没有再写了。但是，《张居正》中，我仍替里面的人物写了大量的诗词。不过，今后我想我还是会写一点新诗的。

听众：我自己比较喜欢读书，最近我在网络上遇到一位像您一样的师长，通过QQ或者其他论坛针对我们大学生的思想发表看法。他说大家都在读书，但是真正能够用心去读书的人，却是很少。我现在处于比较茫然的状态，我能通过什么样的途径与您进行交流呢？

熊召政：我这个人好像与生俱来就喜欢读书。客观地讲，我当年的读书条件比你们好，为什么这么说呢？因为那个时候我们家没有收音机，全中国都没有电视机，更没有电脑与害人的网络游戏。我生活在一个偏僻山区的小县城里，漫漫的长夜，全靠读书来度过。所以我说我的读书条件比你们好，整个社会没有那么多的诱惑让我放弃读书的快乐。如果让你们像我小时候那样去读书是很残忍的，也是不可能的。因为外面的世界很精彩，房子里的世界很无奈。对当年的我来说，读书是一种快乐、一种享受，今天对你们来说，读书可能成为一种痛苦了。往电脑跟前一坐，进QQ聊天室，与网友们一聊一个通宵，那多快乐啊！每个时代都不一样。你说想和我交流，没有问题，但是我不太上网，我只用电脑处理电子邮件，但从来不会网上聊天，也不开博客。

听众：熊老师，您既是作家也是诗人，我想知道诗歌在您的生命中是什么地位，还有您对中国诗歌的发展怎么看。

熊召政：1996年，作家出版社出了一套我的作品自选集，其中有一本诗选，叫《南歌》。我为这本诗选写了一个自序，标题是《诗在心灵中的位置》。从这个名字，你们可以看到我对诗歌多么钟情。在《张居正》获得茅盾文学奖之后，不少记者问我一个问题："你还写诗吗？"这是一个非常简单的问题，可是我却感到不太好回答。这个问题跟你问的差不多，我回答一个记者说："我之所以写历史小说，是因为我认为文学的最高境界就是史诗。作为一个诗人，能写出史诗性的作品，那该多么快乐啊！当然，我不见得写得出史诗性的作品，但这却是我的文学理想。这个时代可能不需要诗，但是我的生命一天也不能离开诗。一个没有诗的激情的作家，在我看来，他便缺乏一种人文的东西，他的作品不会产生感染力。如果我们整个的时代没有诗，那么这个时代就没有制约铜臭的力量。所以我认为时代的健康发展，既要有众星捧月的大商人、企业家，也要有孤独的但受人敬仰的诗人存在，这才是正常的。"

听众：我想问三个问题。第一，对您影响最深最大的是什么书、什么人？第二，您觉得您现在文章最大的特点是什么？也就是您最得意的地方是什么？第三，您在写作中遇到的最大问题是什么？或者可以说您给希望从事创作的人，给初学者有一个什么样的建议？

熊召政：第一，影响最大的一本书，我真不好说，但是如果说影响最大的几本书，我还可以说。《楚辞》、唐诗、宋词、《悲惨世界》等对我的影响都很大，包括大仲马的《基督山伯爵》对我的影响也很大。大仲马编故事的能力非常强，这一点值得我们学习。还有将文学推到极致的屠格涅夫，他的《猎人笔记》对我的影响也很大。

第二，我最得意的地方，就是我始终没有放弃忧患意识，没有放弃我为这个民族思考的责任。

第三，我写作中最大的苦恼，就是故事的生动性和思想的深刻性不能有机地融合。

第四，如果给有志于文学创作的年轻人提一点建议的话，我认为最重要的就是坚持。我是经历了多少次退稿，多少次被人误解而走到今天的。现在我坐在这里跟同学们交流，你们觉得我成功，其实我生命中的大部分时间是以失败者的身份生活着的。

听众：前一阵子，文坛巨匠巴金先生去世了，作协提出要设巴金文学奖，您又是一个文人作家，对设不设巴金文学奖应该有自己独到的看法，想听一下您的看法。

熊召政：巴金作为一代文学巨匠，以他的名义设奖，以他个人的影响力、威望，是完全应该的。但是他的家属提出来不同意设这个奖，我觉得也是应该充分尊重的。因为现在的确奖项太乱。即便是一些权威性的大奖，评出的作品质量也参差不齐。巴金的家属不愿意在这个时候出来凑热闹设奖，的确是明智之举。

听众：熊老师您好，您对余秋雨的散文怎么看？

熊召政：余秋雨的散文，在中国文学界应该是一道亮丽的风景。余秋雨对于文化散文做了很有贡献的探索，他的文章写得非常有特色。

听众：熊老师，您好。我们知道这几年来中国一些文学新人比如说韩寒，对学生的影响很大，您对以韩寒为代表的文学新锐有怎样的看法？中国的传统文化对中国未来的文学发展会产生什么样的影响？

熊召政：我认为作家是不分年龄大小的，有志不在年高嘛。韩寒他们对于文学的理解，显然和我们这一代人对文学的理解隔得比较远。学生们很欢迎他们的作品，这是一种新的社会现象，我们不应该去反对这种现象。我们还应该观察一下，因为文学最终取决于生活的积累以及理解。"韩寒现象"究竟是快餐文化，还是文学的转变，现在还不能下结论。但是我对这些年轻人的才气，以及他们进入文学的勇气和方式，表示敬佩。

你的第二个问题，中国传统文化对中国未来文学发展会产生什么样的影响。我们回避不了历史给我们生活打下的烙印，今天有那么多的人喜欢历史小说，这是因为中国是一个历史悠久的国家；也有那么多人喜欢校园青春派的小说，这是因为我们的现实生活灿烂多彩。所以我相信未来的文学，应该比现在更辉煌，传统文化的回归会比今天的步伐更快。

2005 年 12 月 16 日
在华南理工大学的演讲

作家的责任

一

我今天给大家演讲的题目是《作家的责任》。首先向大家介绍一下，我是怎样走上作家之路的。我五岁开始上学，十一岁以语文成绩第一名的成绩考上初中。到初中去报到的时候，学校大厅的两边挂了两条标语，一条是"欢迎你，未来的科学家"，另一条是"欢迎你，未来的文学家"，我看了看就站在文学家的条幅底下去了。当时是我母亲陪我去报名的，她见我站在标语下不走就说："你老站在这里干什么？"说着，拉着我就走。这时学校的一个老师看到了，就问我："你想当文学家，是吗？"我回答："是啊！"谁知道这位老师就是我后来的班主任。开学第一天，他就说："我在报到那天看到我们班有个同学站在文学家的标语下，他想当文学家，现在我请他起来和大家见面。"我当时个头儿很矮，十一岁，大概连一米五都不到，体重也很轻，完全是一个发育不成熟的样子。我站起来，老师就问我："文学家有很多种，你愿意当什么呢？"我说："我想当诗人！"从那以后，我就有了一个绰号"熊诗人"。他们喊我"熊诗人"的时候并不是一种鼓励，而是取笑。"你们看，全班最矮的一个人，发育都不成熟，还想当诗人。"就是这种嘲讽和玩笑，激发了我做人的尊严。这些细节决定了我最终走上文学的道路。之后的四十多年中，虽然我经历了很多坎坷很多曲折，可我还是按照我十一岁时立下的决心走到了今天。

我喜欢文学的时候，是20世纪60年代中期，那个时候文学不是百花齐放，而是百花凋零。后来发生了"文化大革命"，我们这一代人被剥夺了上大学的权利，全部下放农村劳动。我1969年下乡，跟我一起的知识青年有好几十个，组成了一个知识青年宣传队。在宣传队里，我这个半瓢水，成了难得的笔杆子。我从编三句半开始，到写歌词、快板书，到编舞蹈、歌剧、小话剧。我记得很清楚，到了1976年，我们县里的宣传队到省里会演，结果省里文艺界的领导一看，怎么这个宣传队的节目全是熊召政一个人写的啊？熊召政是个什么样的人呢？他们感到好奇，等见到我本人，他们才发现熊召政是个矮个儿的毛头小伙子。在那之前的1974年，我要写一首诗朗诵来庆祝国庆三十五周年。记得我花了一晚上的时间，写了一首《献给祖国的歌》。后来这首诗发表在当年的《长江文艺》上，整整八个页码，非常长的一首诗。这是我平生第一次在省级刊物上发表作品，而且是头条。这首诗发表的时候，我还在乡村当知识青年宣传队的队长。白天劳动，晚上写作、排练或者演出。每天的劳动负荷非常大，又没有什么吃的，幸亏年轻，不然，身体早垮掉了。有一天，我在田里插秧，看到一辆华沙牌小汽车，远远地从山间公路上开过来，我开玩笑地说："这不知道又是哪个'走资派'来了！"正说着，只见那辆车就停在了我插秧的田头上。从车上下来一个胖老头，还有县里的一个干部跟着他。一会儿大队长就叫我："熊召政，你起来！"和我一起做农活的同伴们说："你说他是'走资派'，他听见了，找你算账来了！"当然这是玩笑话。我带着两腿泥走到胖老头跟前。通过介绍，我才知道这是省委宣传部的一位领导。他问我："你就是小熊啊？"我说："是啊，我就是熊召政。"他就把我带到大队部里面，喝了一碗凉茶，然后从包里拿出发表我长诗的那份《长江文艺》，问我："这首诗是你写的？"我说："是的。"他说："我怎么觉得这首诗好像不是你写的。这里面写到了很多地方，你年纪轻轻又没去过，怎么写得出来呢？你是抄的吧？"我说："你若不信是我写的，我现在就背一遍你听听。"说着我就站起来，从头到尾把这首诗背了一遍。我记得其中有一句："祖国啊，我是你大手大脚的儿子，我将用我坚强的臂膀承担你给我的责任。"我二十岁的时候就觉得应该为这个国家，为民族承担责任。但是我那天晚上写这首诗的时候，并不知道为国家承担责任是怎么样一回事。十年、二十年以后，当我真正有勇气为国家承担责任的时候，才知道这句话的分量。

我把这首诗背完以后，那位领导站起来拍拍我的肩膀说："小熊啊，你这首诗在我们湖北文艺界等于放了一颗原子弹啊！"这句话是夸我，我听了当然很高兴。我回答说："这首诗发表以后，我收到来自全国的八百多封信。"用今天的话说，他们都是文学"粉丝"。我最早的"粉丝"现在都已年过半百了。这时候，距离人家嘲笑我是"熊诗人"的时候，已经过去了十年。不久，武汉大学招生，因为种种原因，我那一年没有跨进武大的门槛。不过，我还是结束了五年的农民生活，被调入了县文化馆，当一名创作辅导干部。为什么叫创作辅导呢？就是辅导全县的业余作者学习写作。

　　就这样到了1979年的夏天，有一天我去大别山脚下的一个山村，拜访一位乡村中学老师。走在陡峭的山路上，忽然迎面来了一位不到四十岁的农妇。我和那位乡村老师上山，农妇下山。我无意间抬头看了农妇一眼，她也看了我一眼。记得那是8月下旬，天气还非常热，可是那位农妇的眼神却非常冷，冷得让人心里发寒。农妇走过去以后，我回过头去看着她的背影走远，自言自语地说了一句："她的眼神怎么这么冷？"那位姓王的中学老师说："她是我们村的，她这又是去告状了！"我问："她告什么状呢？"他说："她的丈夫被大队民兵连的连长打死了，有冤申不了。"我说："怎么回事呢？为什么申不了呢？"王老师详细讲述了整件事情。

　　三年前的一个冬天，她的丈夫在修水库的工地上，一个多月没有回家了。有一天，他请了一天假回家拿咸菜。回家后，他看到家里什么都没有，连柴都没有一根。老婆带着两个孩子，日子过得很艰难。他于是上山帮他们砍柴，又把家里收拾了一下，结果就晚了一天回到工地。按道理说，这不应该有什么大问题。可是在那个"以阶级斗争为纲"的年代，这却是一个非常大的事件。县里集中数万民工修水库，由于太苦太累，民工逃跑的事件天天都有发生。为制止这类事件，各个大队经常会抓一些典型来批斗。这叫"杀鸡给猴看"。因此，这位民工一回到工地，立刻被民兵连长关起来，并组织批斗。这位民工觉得心里很憋屈，一个月没有回家，家里连烧的柴都没有了，我只是去砍了一些柴，并不是偷懒，怎么就成了破坏"抓革命、促生产"的阶级敌人了呢？他想不通，就在批斗会上，和民兵连长争辩了几句。民兵连长就说："你还狡辩，你这就是反革命！"说着就把他吊起来打。打着打着没有声音了，放下来时已经断气了。人虽然死了，可民兵连长一点都不恐慌，他反咬一口，说这位民工"抗拒批斗，畏罪自杀"，通知他家里来把尸首拉回去。这个悲剧发生在1976年的冬天，"四人帮"刚刚被粉碎，但拨乱反正还没有开始。中国大地上，极左势力仍肆虐横行。那位农妇在当时可以说是叫天天不应，叫地地不灵。两年后，党中央开始对"文化大革命"中的极左潮流进行清算。农妇看到了希望，便开始为死去的丈夫申冤。但是，她从公社告到区里，又从区里告到县里，三级政府都没有一个人搭理她。她后来又给地区、省里领导写信。她花五分钱买一张白纸，回到家裁成A4纸那么大，一张白纸可裁十六张；然后她让上小学一年级的孩子歪歪扭扭地写上冤情；再用一个鸡蛋换了邮票，寄到县里、省里。可是这些信又一封封被打回乡里，乡里又打回大队。大队干部都幸灾乐祸地说："看，信又回来了吧，你再告，就把你一家人的口粮都停下。"不管大队干部怎么威胁，农妇仍锲而不舍，三年如一日为丈夫鸣冤。

这位农妇不到四十岁，可是却像一个老太婆，头发枯槁，眼神呆滞。那天，我心情本来很好，但就是那位农妇的眼神把我带进了严寒的冬季。走在山路上，我一句话都没有。我觉得好像是我对这个农妇犯了罪，我对王老师说："今天晚上，你带我到她家去。"晚上我们去了两次，那个农妇都还没有回来。从那个地方到区委会有二十五里山路，她在区委会坐到天色黑尽，没有一个人理她，她连一口水都没有喝，又走回来。见到她时已经是深夜了，王老师喊住她，说："这是县里来的同志，他特意来看你的。"那时天太黑了，我看不清她的样子，只看得到她的一个轮廓，只觉得她的嘴角轻轻抿了一下。我想那是给我的一个微笑，但那肯定是一个非常悲惨的微笑。我们到她家里，里面没有灯，虽然有用墨水瓶做的煤油灯，但没有钱买煤油。她点了一片松明。借着这微弱的光亮，我看清了她。她静静地把她的冤情跟我讲了一遍。我们离开她回到老师家里的时候，我说："王老师，今天要浪费您一点煤油，我想写诗。"他说："你不睡觉？"我说："不睡，我要写诗！"就这样，我写出了平生最令我激动的一首长诗，就是获奖的那一首《请举起森林一般的手，制止！》。在那偏僻的山村，我彻夜未眠，到天麻麻亮的时候写完了。二百多行诗几乎是一挥而就。早晨在老师家吃完早饭，我也是用他家五分钱一张的纸裁成现在十六开那样大，把诗抄了一遍。然后，下山到了农妇去告状的那个镇上，贴了八分钱的邮票，把它投给了《长江文艺》。

二

这首诗到了《长江文艺》编辑部之后，在编辑部主任欣秋同志和诗歌编辑刘益善同志的推荐下，被送到了当时省文联党组书记骆文同志的手上。看过诗稿的人都觉得这首诗很好，但又觉得过于厉害。我记得诗的开头是这样写的：

假如是花神，

欺骗了大地，

我相信，

花卉就会从此绝种，

青松就会烂成齑粉！

假如是革命，

欺骗了人民，

我相信，

共和国大厦就会倒塌，

烈士纪念碑就会蒙尘。

……

昨日的苏区

——火坑！

春雨浇不灭鬼火淫淫；

今日的苏区

——冰坑！

骄阳穿不透千丈坚冰。

写这首诗的时候，我没有感觉到它有多么厉害。但是二十多年以后，我重新来读它的时候，才感觉到这诗就像地心的岩浆一样喷发而来。骆文同志看到诗稿之后，让欣秋同志通知我到武汉。骆文详细听了我的这首诗的创作经过后，立即表态说："这是一首好诗，我们立即发表，但你也要有心理准备，反对派会来批判你。"就这样，这首诗于1980年元月号头条发表，占了整整四个版面。发表以后，《人民日报》《新华文摘》、中央人民广播电台等全国有影响的报刊电台几乎都发表或播送了这首诗，而且又很快翻译成英文、法文等传播海外。我的这一首诗总共就二百三十多行，可评论却有二十多万字。许多我很敬仰的评论家、作家都写了支持文章。当时的省委书记陈王显亲自接见了我，他说："我们很欣赏你的勇气。"当然，批判我的也不少，也是很强大的势力。陈王显书记就指示骆文，让他把我从县里调到省里来，创造更好的写作和学习条件，要我更加努力地写作。就这样，我因祸得福，二十七岁就得了全国首届新诗奖，也当上了专业作家。

三

记得1981年的初夏，我坐在前往北京领奖的火车上，那时候的火车开得很慢，从武汉到北京要十八个小时。不像现在，十个小时就够了。夜深了，车厢里的人都睡觉了，我却毫无睡意。我一直静静地坐到天亮，看到窗外一片葱绿的原野，心情非常激动。我在车上写了一首诗《乡村之歌》，后来也在《长江文艺》发表。在这首诗里，我感到我和百废待兴的祖国融为一体。我突然感到我选择的文学道路升华到我整个的生命，我的选择没有错。同时，我也感觉到我的作家的责任从过去的茫然到现在的自觉，这个过程的完成，是时代所赐。

以上所讲的我的文学经历，是想让同学们了解，我是怎么成为一名作家的。现在，我要讲的第二部分是"文学的土壤"。古话说，一方水土养一方人。一方水土也养一方作家。像岭南作家秦牧、陈残云等等，整个岭南的风物在他们的笔下显得非常迷人，非常可爱。我最早喜欢岭南这片土地，就是通过这些作家的作品。再往前推一点，清代的屈大均写的岭南风物，让我们知道了更多的古典南粤。所以，作家的成就往往会取决于他所占据的文学的土壤。换句话说，什么样的土壤培育什么样的作家。

世界上的古老国家几乎都是文学的国度：中国、印度、俄罗斯、法国、英国，还有波兰。在这样一些历史深厚的国家里，我们会看到一些文学大师们的身影，他们塑造了大国的文化风范。如果文学艺术缺失，这样的大国就是不健全的大国。泱泱大国的民情风俗必定是培植文学大师的沃土。俄罗斯之所以有托尔斯泰，法国之所以有雨果，是那里整个土地上的营养所培育，无论是它的阳光，还是它的雨露，或是它的民族物质、民族精神，都可以成为作家成长的土壤。中国历来是文学大国，我们的四书五经，有一经是《诗经》，这是文学最早的选本。它让我们理解了这一片土地，理解了这片土地上人民的感情。所以孔夫子说："小子何莫学夫《诗》？《诗》，可以兴，可以观，可以群，可以怨。"兴、观、群、怨，孔子把整个文学认知的功能阐述得非常清楚了。历史上那些文学大家：屈原、李白、杜甫、苏东坡、陆游、辛弃疾、罗贯中、曹雪芹……因为他们，中国的大地上多了很多人文的风景。我们浏览杭州，在西湖上，不但可以看到白居易修筑的白堤，还可以看到苏东坡倡议修筑的苏堤。在四川，因为陈子昂的《登幽州台歌》，多少游人，至今还要专程去看这座幽州台。在江西赣州，因为辛弃疾的一首诗，郁孤山声名鹊起，千年不衰。这样的例子太多太多，不用我一一细举。

我们古代的作家，几乎都是社会的公众人物。他们的喜怒哀乐，他们的行为举止，都能极大地引起社会的关注。中国历代的人民，都喜欢作家。在我们国家里，文学作为民族的基因而存在。今天，我们社会上虽然铜臭味多一点，但是我认为，这种轻文重利的现象最终会改变。因为在我们中国，文学的沃土真是太丰厚了。这是我们作家值得骄傲的一方土地。除了骄傲，我们的作家还要理解这片土地，要积聚旁人所不能积聚的苦难、坎坷，以及由此而生发的思考与忧患。试想一下，曹雪芹如果没有从幸福的顶峰跌到地狱这样一种经历，他怎么写得出《红楼梦》来？被迫在清朝当贰臣的吴梅村以及入清之后装疯卖傻的八大山人，如果没有经历家国俱毁的哀恸，又怎么可能创作出令人心酸的诗画来？这样的例子太多了。我曾经到过浙江的天台山，那里的国清寺中有一个寒山的塑像。寒山生活在唐代的末年，他先是科举屡试不中，后又经历战乱，没有办法，他在陕西老家混不下去，只有当和尚才有饭吃。他走上了一条离家的"不归路"，跑到天台山，在天台山上与风霜雨雪为伴，在庙里终日与鸟语花香为伍。他住在山洞里面，在树皮上写诗，成为中国最伟大的诗僧。今天苏州的寒山寺，也有寒山的塑像。他生存的方式，用我们俗世的观点来看，没有一天快乐。可是在寒山看来，我们世人没有一天是快乐的，他觉得自己很快乐。他的生活给我很多启示。当他用自己的方式、自己的语言表述的时候，你就感到特别动人。

我与同学们讲文学，什么是文学呢？人人心中皆有，人人笔下皆无，这样一种境界、这样一种感受，便是很好的。经历过从南宋到元朝的作家，是把整个人世的风霜化为灿烂的文章。这一时期的作家，整个文学境界只有一个字：苦！所以说，每一时期的作家都有着特定的文学的印记。郭沫若老先生到了杜甫草堂，为杜甫写下了一副对联，可以说明文学与人生的关系："世上疮痍，诗中圣哲；民间疾苦，笔底波澜。"中国自《诗经》以来的整个文学，都可以为郭老这副对联下一个注脚，但是这只是文学的一部分。诗还可以分为"风、雅、颂"三种："风"就是我刚才说的风俗、民情、民间的声音；"雅"是士大夫心灵的歌唱；"颂"是帝王创造历史的赞歌。"雅"的这一部分起自老庄的哲学。中国文化精致发展，文学也是灿烂辉煌。不管是民间的疾苦还是帝王的奢侈，在作家那里，都可以掀起笔底的波澜。南唐的李后主，当了赵宋的俘虏，写下"最是仓皇辞庙日，两行清泪对宫娥"这十四个字，可谓道尽了人间的辛酸和富贵。一个国家被他玩完了，换回这么精辟的两句诗。所以说，雅到极致的地方，让我们看到了历史的痛苦，也看到了民族的心酸。由此可见，不但"风"，就是"雅"，也让人看到了人世的沧桑。"颂"就是歌颂历代帝王。说老实话，这一类的作品好的不多。一本《古文观止》，"颂"的地方非常少。今天，我倒是愿意写赞颂的文章了，赞颂谁呢？我有一个标准，凡是有功于社稷、造福于人民的这样一些精英，不管是历史中的，还是现实中的，都可以成为我们讴歌的圣贤或者英雄。当今之世，中国的文学不是提倡主旋律嘛，我觉得讴歌上述这样一种英雄，就是我们的主旋律。写这样的主旋律，便是作家的责任。

2006 年 4 月 21 日

在暨南大学的演讲

他是一种象征

——悼念巴金

刚刚听到巴金老人去世的消息，虽然早有心理准备，但依然震惊。毕竟，代表了一个时代的文学巨匠，我们敬爱的巴金老人，这一次却是真正地离开了我们。

我昨天刚从成都归来，在那里，在四川省作家协会组织的一次读者见面会上，我说："我有两个天然的文学氧吧，一个在四川，一个在浙江。每年，我都不止一次地到这两个地方旅行，去感受、领略两地的山川风物，人情流俗。这两片土地，世世代代，都是文学的沃土。古代不说，单说新文学开创以来，浙江出了鲁迅、茅盾、徐志摩、郁达夫、戴望舒等震古烁今的大家，而四川也出了巴金、李劼人、沙汀、艾芜等卓尔不凡的人物。"记得那天去造访成都近郊的李劼人先生故居，看到一张拍于上世纪80年代初的照片，是沙汀、艾芜二位陪同巴金前来这里缅怀故友的合影。我当时感叹地说："这四位老人，只剩下巴金一位了。"没想到几天之后，巴金老人也去了永恒的天国，与他的文坛故友们重逢去了。

毋庸讳言，时下中国文学正日益边缘化。这一方面反映了时代的进步，另一方面又深刻反映了物欲主义对文学的伤害。此情此景之下，作家精神生态遭到了严重的破坏，他们被迫放弃或有意回避为民族思考的责任，因此，他们的快乐和伤感、躁动和忧虑，已不再成为时代的风景。这时，作为上世纪最后一位文学大师巴金老人，也离我们而去，我们对他的感情，不仅仅是一种怀念。

多少年来，在中国文学界，巴金这两个字，已成了一种象征，他代表了正义、善良、一种永不懈怠的忧患意识、一种愈挫愈勇的社会责任。上一世纪的巴金的同辈作家，似乎都有这样一种令人景仰的风范。从巴金步入文坛的那一天起，他就一直抱有积极的、健康的人生态度。他虽然不是那种狂飙突进、标新立异的人物，但他却有着锲而不舍、挫而弥坚的精神气象。虽然他的文学成就是一座丰碑，但他的人生更是一座云蒸霞蔚的巅峰。愈到老年，愈加灿烂。他的《随想集》中的每一个字，都是一颗闪光的星辰，我们可以从中望见文学的尊严与人格的魅力。可以说：如果巴金六十岁离开了我们，他是一位著名作家；七十岁离开我们，他是一位大师；八十岁离开我们，他是一位伟大而朴实的人；他现在离开我们，便成了一种象征。他的道德情操，云水襟怀，如同他故乡的巴山蜀水，不仅瑰丽，而且隽永。

2005 年 10 月 17 日夜速草

精神追求的延续

在江南的雨季中，在 5 月的下旬，我应邀参加中国作家协会组织的"重访长征路，讴歌新时代"活动，在江西瑞金、于都、吉安等地盘桓数日。红色圣地，心仪已久，一旦亲临，感慨良多。

我的故乡在大别山腹地，亦是一片"血染土地三尺红"的苏区，大革命时期，这个不到二十万人口的小县，牺牲的红军烈士，竟有七千人之多。我虽然是解放后生人，但距刀光剑影的大革命时期，尚去时未远。因此，我的童年，仍生活在故乡人民对赤色苏区的深情回忆中。

任何一种文化，都不能离开它既定的土壤。否则，这种文化所体现的价值、尊严与神圣就会消失。在七十多年前，由中国共产党人领导工农劳苦大众用鲜血和生命创造的苏区文化，尤其如此。当我一踏上赣南苏区的土地，那蛰伏于我内心深处的对红军的崇敬与爱慕之情，便都一下子复活了。看到那些曾被用作党中央机关的低矮的土砖瓦房；那些赤卫队员用过的梭镖、大刀；那些红军将领们穿戴过的斗笠和蓑衣；还有共产党领导人住过的简陋房子、使用过的书桌，我一次次心潮翻滚，思绪纷繁。我立刻想到了我的祖辈，他们也曾戴过八角葵的红军帽。在不甘当奴隶的坚强信念下，在一次又一次的惨烈战斗中，他们或者牺牲，或者负伤，最后，他们生命的光芒，都融入了国旗上耀眼的五颗金星。

今天，在鲜花簇拥的原野上，在洁净无尘的书斋里，我们的那些思想睿智的学者们，可以非常冷静地分析、评判七十多年前的苏区与红军的历史，指出哪儿错误、哪儿幼稚、哪儿过于血腥。甚或推断，如果没有这一场革命，我们的国家将会怎样发展……

学者们冷静地看待历史，永远都是对的。但我却不能这样。虽然我并不是一个理智的盲从者，但我无法改变我的追求，因为苏区与红军的历史，已构成了我的生命基因的一部分。

任何一种曾经推动社会前进的历史，在它的初期所展现的风格，必定是硬朗的、坚韧的、无往不胜的。而且，参与创造历史的人们，也必定是最广大的底层百姓与绝大部分民族精英的结合。苏区与红军的历史，恰好证明了这一点。毋庸讳言，我们的苏区与红军在创建的过程中，犯过不少的错误。但这些错误，并没有导致革命的毁灭，而是促使它即时改变失误，朝着既定的方向前进。如果不是这样，我们怎么可能有井冈山的出现，有三湾改编，有古田会议，有遵义会议的出现呢？更有甚者，红军怎么可能进行一次史无前例的二万五千里长征呢？

民族的灵魂需要救赎，人民的意志需要实现，这便是苏区与红军适时而生的历史环境；今天，在世界范围内经济比拼的逐鹿战中，在国家实施的民族复兴的新长征中，我们需要再次高度凝聚我们的胆识与勇气、智慧与韬略，这便是弘扬苏区与红军精神的历史意义。

苏区归来，我仿佛又进行了一次灵魂的洗礼。苏区与红军，对于我来讲，不是玄妙启示的词藻，而是一种精神追求的延续。

2005 年 6 月 27 日

第二辑

文人有时可爱，有时可恨；有时可敬，有时可杀；有时缚虎除害，有时舍身伺虎，有时为虎作伥。

史实精神与当代意识

我今天的演讲题目是《史实精神与当代意识》，我想对大家说的第一句话是：一个历史小说家首先必须是一个历史学者。

2001年我参加中国作家代表团访问印度的时候，遇到一件很小的事，但当时对我有很大的启发，引起我的思考。印度的朋友们招待我们看印度的历史题材电影《阿育王》，我们几位中国作家对其表示了极高的赞赏。第二天和印度的作家以及学者同行们说到这件事的时候，他们表现得和我们完全不一样。他说这是给你们外国人看的，这不是我们真正的阿育王，这是美国好莱坞电影的表现模式，为迎合美国观众的口味而篡改了历史。由此可以看到，懂不懂这一段历史成为我们欣赏这部电影的分界线。

因为这件事，我就想到一个作家的责任。我们这个民族和国家的历史应该用一种什么样的文学观与历史观进行准确的表现。要让自己的历史文学作品能够真正地反映自己民族的精神特质，这就要求一个历史小说家首先是历史学者。当这个观点确立之后，第二个问题便出现了：我们应该当一个什么样的历史学者呢？我认为有三点必须做到：第一是史实，第二是史鉴，第三是史胆。

历史知识这是最起码的，叫史实。所以一个作家选取某一段历史来作为自己描写对象的时候，他一定要认真地研究这一段历史，包括它的人物、它的文化、它的风土人情、它的典章制度。事无巨细，所有的问题都要进行认真的研究。这个过程比写作的过程要难得多。所以我研究张居正的历史，整整花了五年的时间，做了大量的笔记，走了很多地方。

我讲一个例子，万历"一条鞭法"的启动首先是丈量田亩，当时丈量田亩的原始文件的格式是什么样的呢？我查阅大量的资料，发现陕西历史博物馆里面有一份当时的地契。我为了这一份原件，专程赶到西安去拍摄研究这一份田契。

我的《张居正》的第二卷一开头写到北京的白云观，我把白云观的历史资料全部都看了。但仅凭资料写作是不够的，还得实地踏勘。于是我早上坐火车到北京，一出火车站，叫了一辆的士直奔白云观。我按图索骥，拿着明代的、元代的白云观的图来看今天的白云观，哪些地方改了，哪些地方错了。我看了很多，然后一一校正，一一做笔记，晚上又坐火车回到武汉。之前白云观这一章，我开了七八次头，都没有开好。为什么呢？我是仅凭史料在写，等我去过现场以后，写起来就非常顺了。大家如果有时间，可以看看《张居正》第二卷，第一节写的白云观就比较活灵活现地展现了明代白云观的风貌。类似于这样的一些事情，你要很仔细地去考证它。这种考证的工作，一般的作家他可能不屑于去做。那么在还原历史真实的时候，就显得底气不足。关于典章制度、建制这样的一些考证工作，还容易一点，最难的是对时代心理、文化特质的把握，这个非常困难。

我在书里面写到了一个人物叫玉娘。这个小姑娘当时十七岁，被一位江湖大侠精心培养后，送给了张居正的前任首辅高拱。今天大家可能会说，这多么腐败，身居高位还如此玩弄女性，这不是高尚的情操。这样一种文化心态恰恰是今天的，而不是明代的。明代最好的朋友给你送这种姑娘去，是有一个前提的。高拱那一年六十岁，河南新郑人，他娶过两个老婆，都没有给他生儿子，他只有两个姑娘。在明代忠孝思想非常浓厚的情况之下，孝是最大的内容之一，而传宗接代是孝的核心思想，就是你必须有儿子承继你这个家族的香火。不孝有三，无后为大嘛。这样一来，他的朋友们就要去给他置办小妾，为的是传宗接代生儿子。由此来说，小说表现的是明代的价值观。明代的文化观念和今天的是不一样的。在明代，不会把男女作风问题作为攻击别人的一种手段和理由，这就是文化的真实。

典章制度的真实、风土人情的真实还比较容易做到，文化上的真实是很难做到的。一个是形而下的，一个是形而上的。我们研究精神文化遗产，也就是非物质文化遗产，文化就属于非物质的这一部分，是一种精神上的状态。这就是我说的第一个问题，史实。

第二个问题史鉴，就是以史为鉴。我认为任何一个历史小说家，都不会无缘无故地选取一段历史、一个人物去写，他一定有自己的创作动机，他要为当下的生活提供一个思考的空间。历史小说家的情怀就在于他深切地关注当下，通过历史的某一段生活的再现，给今天的人打开一个新的思想的空间。其对历史某一段特别事件的批判、分析，对某一个人物的赞扬或者批评，一定是带有浓厚的主观思想的。

大家都知道，吴晗先生写的《海瑞罢官》，曾经引发了中国的一个很大的政治事件。对海瑞的定位是吴晗先生的主观意识：清官好，清官就是不腐败。在研究这段历史的时候，我特别关注到海瑞这个人物。结果我得出来的结论，和吴晗先生并不完全一致。为什么呢？海瑞是一个清官，这是可以肯定的，但海瑞不是一个好官。张居正上台的头三个月，曾经借皇帝的手发了一道诏令，就是命令全国副省级以上的，就是我说的三品以上的高级官员向朝廷推荐一至三名可以擢用的人才。当所有推荐人才的表在吏部汇总的时候，得票最多的是海瑞。这时候海瑞已经是第二次被罢官了。第一次是嘉靖皇帝罢他的官，第二次是隆庆皇帝罢了他的官。现在到了嘉靖皇帝的孙子万历皇帝上任，又有这么多人推举他。吏部尚书杨博跑来找张居正商量，问海瑞这个事情怎么办。

张居正说了一段话，这段话就是属于史鉴的内容。张居正说，我不打算用他。张居正认为，清廉、清正是好官的内容之一，但不是全部。张居正的观点是，好官必须让老百姓得到实惠，让朝廷放心。他说海瑞在执掌一方大权的时候，地方财税急剧降低，他是真正的理想型的劫富济贫，而不是从生产力上发展。这样一来，在他管理南直隶的时候，富人都纷纷把户口转到隔壁的松江，为什么呢？怕他。他太理想主义。张居正说我现在如果重用他，势必要让他当封疆大吏，这样一方百姓的幸福指数恐怕就会降低，而国家的财税恐怕就会流失。如果安排他一个闲职，别人又会骂我张居正不重用清官，如此之下，我倒是觉得干脆让他在家待着保住他的清名。

我在我的小说里面对这样一件事情做出了我自己的评判与分析，没有附和吴晗先生的观点。我的观念来自我对这段历史的研究。看了不少与海瑞、张居正同时的一些名人的笔记文章，最有力的一个证据来自李贽。他是晚明的思想家，跟海瑞、张居正是同代人。李贽对这两个人的评价是：张居正是千古宰相，国家栋梁；海瑞是万年青草。青草是非常好看的，也是非常圣洁的，但绝对当不了栋梁。李贽作为一个狂人，当时就有这种评价，可以说是很有见地的。应该说，《海瑞罢官》这部戏剧影响很大，我并不是有意和吴晗先生唱反调，而是凭借自己独立的评判和思考得出不同的结论，这就是史鉴。

第三个史胆，一个作家对某一个人物做出自己的判断，不从流俗，不阿附权贵，这就是史胆。当时我在写《张居正》的时候，觉得我提炼了一个观点，就是循吏和清流。清流就是坐而论道，你让他具体去干任何一件事，他办不成，但说起来头头是道。循吏是什么人呢？就是小平同志说的，不管白猫黑猫，逮住老鼠就是好猫。他可能在有些问题上，首先不做道德上的判断，而是想着该怎么做成。我知道按照当今的一些标准，这一个观点，它可能同一些流行的哲学家、文化人的观念有冲突。但是从历史上看，清流误国的事不少，北宋的王安石改革之所以失败，就因为他过于清流，缺乏政治家的变通。

我们不要守在某一个观念里面，佛家的说法叫"勿执"。比如说我要保持我的崇高，一个人一味地崇高，做好人可以，做政治家不行，做企业家也不行，做文学家也不行。做好人，一辈子做好人，绝对成就不了伟大的事业。那么我在写清流与循吏的时候，最大的冲突发生在万历五年（1577），就是夺情事件。按明朝规定，父母双亲去世，官员一律都要免职，回家守孝三年。如果不回家，皇帝留他继续做官，这就叫夺情。张居正的父亲去世，万历皇帝不让他回家守孝，要留他在朝廷里面继续从政，执掌朝纲。此时的万历新政初见成效，张居正若离开，必然会人亡政息，所以权衡之下，张居正也愿意留下。试想一下，改革正在攻坚阶段，怎能撂挑子回家去蹲茅棚三年？万历皇帝不敢冒这个风险，张居正自己也不肯冒这个风险。

但是，当时朝廷中的清流官员对张居正的夺情不给予支持，而是借此大加挞伐，指责张居正贪恋禄位，不肯守孝。一时间，朝廷内外豪强外戚与清流官员结为联盟，形成声势浩大的驱张运动。在这种局势下，张居正断然使出霹雳手段，把反对他的清流，全部施以重刑或流放。改革是要付出代价的，这个代价牵扯到人的时候，某一个人可能就是悲剧。但是不能因为一个人的悲剧，而阻碍我们整个改革的事业。万历五年（1577）到万历八年（1580）这三年，张居正如果回去守孝，改革肯定就失败了。恰恰就是在这三年，改革取得了辉煌的成就，奠定了万历时期的吏治与财政的基础。

我自己是个知识分子，也是清流，我并没有把我个人的爱好、个人的感情带到历史小说中。我通过冷静的分析，认为清流的坐而论道是没有办法推进改革的。所以这是我说的第一个问题，历史小说家首先应该是历史学者。

再说历史小说题材的选择。《张居正》获奖的时候，有记者问我，你为什么要选择张居正？刚才王鲁湘先生也这样问我。我说我永远要选取历史上积极的健康的一面，来重塑我们这个民族的精神。任何一个作家都有他自己信奉的历史观，任何一个国家的历史都有它辉煌的一面、阴暗的一面、健康的一面、晦涩的一面。一个负责任的作家，绝不会恶意地把我们民族过去的那些脓疮挑出来给读者看，而是会选择我们这个民族当中一些闪亮的记忆展示给读者。我们可以写黑暗，但展览脓疮无疑是病态的表现。这是一个作家对自己民族的感情问题、立场问题。这是我写历史小说的第一个基本点。

第二个就是不能戏说历史，更不能将历史人物脸谱化、漫画化。由此我想到前几年的历史题材的影视剧，帝王将相泛滥，可多半是漫画化的、脸谱化的。我认为产生这个的原因，第一是这个作家的创作心态，还不是很成熟。第二是这个作家对他所写的这段历史缺乏敬畏感。历史小说家首先要对历史有敬畏，你不要说人都死了，已经过去几百年了，你就可以为所欲为。我是到四十五岁以后才知道手中笔的轻重和分寸。

对历史人物的褒贬一定要有历史根据，而不是你个人情感的宣泄。历史小说的真实问题，千百年来都在争论。历史小说的真实也没有一个客观的、大家可以遵照执行的标准，全在于一个作家自己的把握。

在座的都知道，《三国演义》是中国历史小说的典范，但你要是完全按历史真实去衡量它，会找到很多硬伤。火烧博望坡那一章场景是深山密林，像太行山一样的，其实真实的博望坡是一马平川的平原。罗贯中先生显然没有到过博望坡。还有长坂坡大战，华容古道里面的描写与真实的地理情况完全不一样。这是因为古代交通不发达，不能像我们今天这样朝发夕至到任何地方，他们只能凭空想象。但是，为什么大家还是认为《三国演义》比较好看和真实呢？就是对于表面上的这种真实，罗贯中写《三国演义》虽有硬伤，但是在对整个明代提炼的世界观、历史观上，罗贯中的判断还是有一定道理的。

明代是以忠孝立国，朱元璋从元代接过政权以后，他讲究政权的合法性，他要证明自己是正统。《三国演义》正是从忠孝出发，以正统为纲，正面歌颂了刘玄德。这是根据明代当时的文化形态而定下的这样一个主题。第二个，忠孝立国是明代贯彻始终的一项基本国策，因此要塑造诸葛亮、关羽的文忠与武忠。这是明代提供的世界观，也是明代的主旋律。没有一个作家可以无视自己所处时代的精神，而去写一个完全不沾边的历史小说。当下的情况是，凡是写主旋律的作品，就难免脸谱化、扁平化。这又违反了文学与历史双重审美的标准。一个作家既要看到当下的时代精神，又要看到你描写对象的文化质感。

第三个问题就是，应该从历史宝库中开掘时代精神，为读者提供思考的空间，但不能借古讽今，做不负责任的比附与调侃。什么叫时代精神？我再举一个例子，《西游记》产生于明代的嘉靖年间，嘉靖皇帝是明代所有皇帝中最信道教的一个皇帝，他大规模地拆毁寺庙，命令僧尼还俗。当时吴承恩在蕲王府当书记，就是给蕲王当秘书，没有多少事干。而那个时候的鄂东黄冈，也就是我老家，是为中国道教提供精神和技术支持的一个重地。最受嘉靖皇帝信任的妖道陶仲文，就是黄冈人。这个妖道最后当了礼部尚书这么大的官。吴承恩住在蕲春，受到了当时这样一个时代的感染，写出了《西游记》。

《西游记》的主题跟我们今天文艺批评家们给予的主题思想是不一样的。它是什么意思呢？到西天取经的是一个智商很低的人，带了一只猴子、一头猪、一个被贬的天神、一匹马，这就是唐僧、孙悟空、猪八戒、沙和尚、白龙马几个主要艺术形象。让这一群人去取经，其意是人不信佛，畜生才信佛，这是谩骂佛教的。吴承恩迎合了嘉靖皇帝的思想，他找了一个故事，把帝王的思想装进去，这是当时典型的主旋律作品。但因为吴承恩的文学修养非常高，他让这么一部主旋律作品成了四大名著之一。所以我们现在不要一味地说写主旋律不好，关键在于你的文学修养、你的史学修养到了什么地步，你怎么理解和处理你要写的人和事。

我有一次接受一个记者的采访，他说："熊先生，你是一个诗人，你怎么会改行写历史小说呢？"我调侃地回答他："因为我是诗人，所以我喜欢诗；因为我从小喜欢历史，把诗和历史结合起来，就叫史诗。我愿意写史诗性的作品，尽管达不到，但我不能不追求。"这虽然是玩笑话，却也是我的内心话。

谢谢大家认真聆听我的演讲。

附：与王鲁湘的对话、回答听众提问

王鲁湘：谢谢熊先生充满睿智同时也是充满激情的演讲。刚才我特别注意到熊先生说，他在读历史的时候，提炼出两个概念，其实也不是提炼，是抓到两个概念，一个是循吏，一个是清流。在过去，我们中国一直是道德立国的这样一种文化，这种文化很自然地让我们对很多问题的评价，从道德出发。我们读历史的时候也常常是这样，如果以这样一种观点来看历史，那么历史上所有的清流，当然都会放在正传里头，对不对？但是我们会发现，历史也好，过去与现实的政治也好，生活也好，其实大部分是由循吏在主导的。所以给循吏一个什么样的历史评价，同时我们怎么正确地认识清流，也成为我们新时期以来，写历史小说的，甚至是所有的小说家都不能回避的一个问题。

熊召政：简单地说，循吏就是干事的。小平同志说，不管白猫黑猫，抓住老鼠就是好猫。这不是从道德出发，这是从事功出发的。但是你真的这样去做，往往又得不到好的评价。我就想到永乐皇帝朱棣，这个人很粗暴，但是他提了一个观点，在一个领导班子里面，要小人和君子并用，这是政治，用今天话叫政治生态问题。小人永远是君子的天敌，用小人来监督君子，比中纪委还管用。

王鲁湘：郑板桥经常画的一个题材就是竹子下面有一些荆棘，竹子是君子，荆棘是小人。君子和小人要在一起，才是一个良好的生态。

熊召政：君子与小人，是人与虫子的关系。虫子总想逮住机会咬你一口，让你晚上睡不着觉。你要避免被虫子咬，这就是你的智慧；虫子怎么能咬到你，这是它的智慧。当所有的智慧都在一起较量的时候，这就是人类，这也就是官场。

王鲁湘：写历史小说最难避免的就是当下我们自己的主观立场。这个主观立场不仅有当下的时代的立场，还有当下的个人的立场。个人的立场又受到你自己当下的社会地位、当下的遭遇、各种各样的人生阅历的影响。因此很难对历史保持一种平和的、敬畏的甚至宽容的心境。所以我们中国的很多的历史小说，大部分都走了借古讽今这一条路子。可是您认为，一个历史小说家必须摒弃这样一种酸态，客观地、充满敬畏和宽容地还原一个历史的语境，然后以古鉴今。我挑出历史中的这一大段来，我肯定有我的主观选择，但是我并不在这中间做我的个人的小文章，是吧？

熊召政：你完全理解了我的这个心态，我就是这样做的。而且你说出的酸态这个词虽然尖刻一点，但是正是我刚才演讲中没有说出来的。酸是我们的一大敌人，酸是把自己看作世界的中心，以我为中心在画圆圈。历史一定要有它的客观的东西，不能偏激。我刚才说过，古人不能从棺材里面站起来反驳你，但是你的心里一定要觉得我无愧于他。

提问：您好，熊老师，我注意到刚才您在演讲中间提到了吴承恩的《西游记》，我想问一下，您对电影《大话西游》有什么评论？

熊召政：我没有看这部电影，但是我听说了。因为没有看，我就没有发言权。我还就《西游记》这部小说说几句题外话。一个作家没有办法超越这个时代，而且作家也不必要超越他所处的时代，所有试图超越时代的作家都是不存在的。你看托尔斯泰没有超越他生活的俄罗斯的那个时代，我们所有的作家，包括罗贯中、吴承恩都没有超越。今天一位作家在写《大话西游》这样一个题材的时候，时代给了他什么启示呢？我也不知道。但是，我对中国越来越迅猛的娱乐化社会的倾向形成，一直有比较大的担心。

提问：您好，熊先生，您在刚才的演讲中，说您的历史作品是要把历史，要把我们民族光辉、光鲜的一面展现给今天的人。您所提倡的，作为一个历史学者，作为一个历史小说家，要具有史实、史鉴、史胆。我是一名历史专业的学生，一个民族在特定阶段，它是有脓疮、有阵痛的，我想问一下，就您个人而言，您对于我们民族曾经有过的这些脓疮，甚至现在还没有消失的这种脓疮和这种阵痛，您是怎样用史实、史鉴、史胆的观点去看待它的呢？

熊召政：我说我把积极健康的那一面展现给读者，并不是说我的小说没有批判意识。在《张居正》里，我充分展现了万历时期官场的黑暗与腐败。关键是对这些丑恶的态度，你是用欣赏它的眼光，还是不负责任地把它和盘托出，让读者去消化它，像吞砒霜一样，还是你保持清醒的批判意识把它表现出来？历史上最黑暗的时候也有光亮，最光明的时候也有黑暗。作家一定要把这里面的分寸把握好。

提问：熊老师，您好，我是凤凰网的网友，想问您一个问题，我们知道您的小说《张居正》从问世以来，受到的批评很少，作为历史小说，很难得。但也有人认为，其中的历史观受到了儒家的影响，难得具有尤斯纳尔和卡尔维诺式的浑厚想象。您怎么看待这种评价？

熊召政：我并不否认我受儒家正统思想的影响，因为我偏好中国的传统文化，它们丰富了我的世界观。大丈夫达则兼济天下，穷则独善其身，仁者乐山，智者乐水，民为重，君为轻，所有这些思想在我脑子里成为思想的基石。对于世界上崭新的潮流以及活跃的思想，我也关注。如果能用一种最新的思想成果来处理我们中国原来已存在的古代历史，可能会有一种混合的效果。遗憾的是我不能做到。我在《张居正》中展现的思想是：儒者从来做帝师。这就是我的观点，我们历代的帝王师都是用儒家的学说去影响皇帝，让他走上一条治国的健康途径。用今天的眼光看，儒家思想的确有很多的不足和欠缺，但这个文化也的确是我们这个民族赖以生存、繁衍，一次一次在困境中借以重新崛起的精神资源。所以在经过反复思考之后，我还是决定用儒家思想写出这部书来。

王鲁湘：思古源于辅今，优秀的历史文学总是以自己特有的方式参与当下文化的重建，同时历史小说凝练出来的一些启示、一些智慧，往往更能够沉淀下来，更能够成为一种文化的元素来加以继承。我们期待更多的作家为读者奉献出更多优秀的历史题材作品。

2009 年 7 月 25 日
在凤凰卫视《世纪大讲堂》的演讲

文人与商人

一

非常高兴来到成都电子科技大学和同学们交流。我今天演讲的题目是《文人与商人》。

同学们可能感到奇怪：一个作家，为什么要讲这样一个题目呢？这是因为我曾经下海经商了几年。每次演讲之后，总有人问我经商的经历。在财富英雄日渐受到社会追捧的时代，我的这段经历引起人们的好奇原也不足为怪。我便想到应该找一个机会，回答大家的好奇，即我是怎样当文人的，又是怎样当商人的，两者是怎么结合的。很多诸如此类的问题。我干脆通过成电讲坛告诉大家。

在中国古代，我们谈到文人，类似于今天我们说到知识分子，是一个很宽泛的概念。但如果认真地研究就会发现，文人从来都不是一个整体。无论是价值取向，还是生活旨趣，都大相径庭。古人言"渔、樵、耕、读"四大贤人，读书人摆在最后。这读书人便是知识分子，便是文人。文人进入社会之后，便立即分化，他们的社会职业千差万别。我们的两院院士是文人，官员、政治家也是文人，学校里教书的老师、幼儿园里的阿姨都可以叫文人。所以说，文人不是一个整体，它只是社会人群中的一个类别。凡是读书人，凡是知识分子，都可称作文人，这是广义的文人。这个文人，其实是文化人。

如果说狭义的文人，就是单纯指吃文学艺术这碗饭的人。靠手中的一支笔谋求生存，为社会做某种贡献。像扬州八怪，卖文、卖画为生。这样一部分人面很窄，他们通晓诗词歌赋、琴棋书画，即我们所说的文学家和艺术家，这应该是文人的正宗。但是，在古代即便有文人的身份，但靠一技之长谋求生活，即我们通常所说的职业化生存的人，还是非常之少。我们读一读中国的文学史就会发现，从屈原写《离骚》开始，直到晚清，靠写作为生的作家非常之少，古代中国作家的出身多半是官员。不过，有趣的是，他们身后的大名，并不因为他们是高官，而是因为他们的作品。我们忘记了屈原三闾大夫的身份，是楚国的高官，只记得他是诗人。不过，在官本位的中国，衡量一个作家成功与否，除了文学这把尺子，还有官场这把尺子。你的作品写得非常好，在社会上影响非常大，但你若没有一官半职，没有当上作家协会的领导，开会时你还得坐在台下，排名时你就得往后靠。这一点，古往今来没有改变。杜甫的官很小，充其量也就是个处级吧。但后人给他编文集时，不称《杜甫全集》，而叫《杜工部全集》。放在今天，可能就是《杜处长全集》。大家觉得可笑吗？其实一点都不好笑。这是文人的悲哀。杜甫有"诗圣"之称，但"诗圣"没有级别。工部是个小官，但是朝廷命官。因此，工部这顶乌纱帽比"诗圣"这顶桂冠值钱。为什么会出现这种滑稽的现象呢？这是因为孔圣人说过"学而优则仕"，这五个字成为朝廷乃至民间衡量人才的标准。书读得最好的人，一定要当上高官。这是人才量化的一个标准，甚至是唯一的标准。

因为"学而优则仕"，古代文人中的很大一部分，承担着管理国家的责任。在古代流传着一句话："学好文武艺，货与帝王家。"知识分子建功立业的思想，就是为朝廷服务。因此在古代没有专业作家的说法，从政之余，吟诗作赋。这些人的专业，用今天的话说是公务员，业余身份是诗人、画家、书法家。当然，也有极个别例外，有些文人入仕，只是搞专业。像吴道子，他是宫廷画家，用今天的话说他是享受正部级待遇的画家，也是官员的身份。米芾是大书法家，但他不是搞专业，他是行政长官。这样的文人，被后世称为楷模。但心仪归心仪，真正仿效的却不多。中国的文人同西方的知识分子不一样，虽然在常态下，都积极进取，但若有个风吹草动，其妥协与退缩的艺术也不可低估。

文人有时可爱，有时可恨；有时可敬，有时可杀；有时缚虎除害，有时舍身伺虎，有时为虎作伥。古代一个优秀的作家、艺术家，其安身立命的东西首先不是写一部好作品，画一幅好画，而是要"学而优则仕"，谋个一官半职。如果一味当官，也会被人瞧不起，当到一定的时候就退隐，就是主动把乌纱帽摘掉，挂冠还山，这种人就会获得清誉，他的作品便尤其受到世人的重视。像郑板桥是当了多年的县长退休后，才到扬州卖画的。我们的大诗人李白，也跑到官场凑了一回热闹，当了大学士，也就是皇帝身边的御用文人。民间故事中说他醉草蛮书，让杨国忠捧砚，高力士脱靴，就是宣传李白当大学士时的狂劲儿。不过，李白也是实在当不了官，他才情很高，但他的行为举止和官场的游戏规则离得太远，太不靠谱了。所以皇帝只好将他放金还山。

但李白只是文人中的个案，从通常意义上说，古代文人是整个社会游戏规则的规范者，是整个社会风气的倡导者。美国学者托夫勒在他的《第三次浪潮》这本书中讲到"风俗自下而上，风气自上而下"，这话很有见地。贩夫走卒、引壶卖浆者流，他们的行为举止、生活习惯，形成的一种嗜好、一套规矩，便是风俗。比如说，成都人到了冬天，一见到太阳，就想跑到郊区去喝茶、打麻将；一进足球场，就狂呼"雄起"，这就是成都的风俗。而武汉人早上起来，谁也不想生火做饭，而是上街去"过早"，不是买一碗热干面，就是买两只面窝，一边吃着一边赶乘公汽，这就是武汉的风俗。相对于风俗，风气更偏重雅的一面。两者的关系，有点像下里巴人与阳春白雪的关系。风俗是大众的，随处可见的；风气是小众的，有时是与风俗相背离的。在中国古代，文人的主体在上流社会，因此文人是风气的倡导者。用今天的话说，就是为精神文明提供一个正确的蓝本。我们中国古代的文人，绝对不会像凡·高那样，把自己的耳朵割下来，在情人节送给一个妓女。凡·高这种人在中国，一定会被认为是神经病。事实上，凡·高也的确是神经病。在中国，文人私下里可能会欣赏凡·高，但从普世的道德观念出发，中国文人就会和凡·高划清界限。中国古代文人最张狂的例子，莫过于竹林七贤，也就是通常所说的魏晋风度。他们的怪异，不仅体现在行为举止上，更体现在思想上的叛逆。嵇康临死时弹《广陵散》，表现了他卓尔不群的个性。

二

如果从利益与社会地位来划分，文人不是一个整体。社会各个阶层里都有文人。私塾先生、账房先生是文人；吕洞宾、张天师也是文人；从秦国的李斯到晚清的翁同龢，中国的宰相几乎都是文人。皇帝可以不是文人，刘邦不是，朱元璋也不是。但刘邦手下的萧何、张良是大文人，朱元璋手下的刘伯温、宋濂也是大文人。离开了文人，中国的文明史将不存在。《易经》与《天工开物》这样的书，是文人写的；《全唐诗》与《全宋词》，也都是文人写的。贞观之治、万历新政这样成功的治国经验，也都是文人创造的。古代的文人中，通才很多。上马治军，下马治国，坐而论道，还兼通六艺，出了许多了不得的人物。今天社会分工越来越细，学科之间的鸿沟越来越深，所以不能像古代一样出通才。学问越来越专，决定了今天文人的队伍发生了很大的变化。科学技术的迅速发展导致了文艺的萎缩。我说的萎缩不是指量，而是指质。今天文艺的最大功能不是教化，而是娱乐。真正意义上的兰亭雅聚不复存在，而极尽奢靡的嘉年华却天天都有，娱乐明星都成了艺术大师，受到年轻人的追捧。这种情形下，真正的艺术很难出现。这是问题的一个方面。还有一个方面是，今日的官场，已不是文人兴会的地方。古代的大文人，一般都另有一个大官人的身份。如唐宋八大家，几乎都是官员出身，这在今天几乎不可能。所以说，今天的文人比之古代，不是在膨胀而是在萎缩。

历史上读书人最高的理想是当官，这一点没错。为什么呢？在古代，文人最能实现自己理想的平台就是官场，只有当了官，才能完成自己的事功。东汉的班超在书房里把笔一丢，"大丈夫当万里封侯"，他觉得当一个秘书没有什么意思。今天，谁要是能当一个秘书，脸上就很有光彩。古代的文人并不这样想，而是觉得当秘书是个没出息的选择。班超果真辞去了秘书的工作而参军到了部队。投笔从戎的故事，就是这么来的。

古代读书人，完成理想分四个阶段，即"修身、齐家、治国、平天下"。这是循序渐进。前两项在个人领域，后两项在公共领域。一个文人的一生，便围绕这四样任务而展开。实施过程中，也讲究一个进退之道，即"达则兼济天下，穷则独善其身"。历代文人，达者很少而穷者很多，这是因为官场的位置有限，僧多粥少嘛。所以，当了官的文人就很光彩，就成了楷模，当不成官的文人就成了落魄书生。混得好一点的，就成了唐伯虎、李渔，成了风流才子。混得不好的，就成了金圣叹，惹来杀身之祸。读书人觉得自己最好的出路是当官，这应该是一种历史悲剧。造成这种悲剧的原因，是社会的发育存在问题。在专制社会，公共资源的配置权被控制在朝廷与官场。一个文人要想经邦济世，造福于民，首先就得拿到资源的配置权。这样，除了当官，他还有什么办法实现理想呢？

文人想当官，这不是文人的错，而是一种政治制度造成的。值得庆幸的是，到了20世纪80年代，在小平同志倡导开放之后，这种情形有了很大的改变。由于改革，知识分子不再只有当官一条路可走。社会精英的主体不再全部集中在官场上。在龙腾虎跃的今天，我在各地行走，经常碰到一些优秀的大企业家，看到他们的名片，往往在某某集团公司的董事局主席或CEO职务之后，还有一个头衔：博士。博士就是古代的进士，他们能够在当官以外的天地里寻找到为社会服务，实现自己抱负的天地和平台。这是社会进步的表现。邓小平的改革开放，让中国的读书人有了空前释放自己创世激情的机会。如今，传统意义上的文人，即我们今天所说的知识分子，分流为三大块：第一块还是当官，国家、省市、地市一直到县的各级官员，可以说清一色都是读书人出身。没有文凭就不能当官，这有点古代的味道了。只不过古代的科举选士制度，比今天更严格一些。第二块是以两院院士为代表的科技教育界的知识分子，这些人造出了"两弹一星"，培养了几代知识精英，可谓居功至伟。第三块即企业家。20世纪90年代开始，掀起了"文人下海"的浪潮。这些文人，有点像当年美国淘金热潮中的西部牛仔，也有点像投笔从戎的班超。虽然失败的文人很多，不少人在商海里呛了水，灰溜溜地爬上岸来，但也有一些文人成了商界巨子、财富英雄，像联想集团的柳传志、搜狐的张朝阳、巨人集团的史玉柱等等，都写出了新的商界传奇。政治、科技、商业，这样三足鼎立，让文人们报效祖国、实现理想的机会大大增多。一个可能会终老江湖的文人，突然成了万众瞩目的大企业家，这是个人的传奇，也是社会的传奇。无数的传奇，诞生在我们这个改革开放的时代中。

三

中国历史上，曾有几个人才辈出的时代，一个是公元前6世纪至公元前5世纪之间，即春秋战国的转换期。那段时间出了老子、孔子、庄子、伍子胥、范蠡、孙子等等，这是中华文化的发育期。第二个时期是东汉晚期，就是我们说的三国时期。从公元189年董卓进入洛阳开始，到三国消亡，一共九十一年。这一时期天下大乱，诸侯割据，无数军阀都想问鼎天下，不停地征战。最后剩下魏、蜀、吴三国，它们都需要大量的人才保证自己战胜对手，在政治舞台上崛起。这就导致中国的人才成倍地释放，那些可能终老江湖的人变成了耀眼的军事明星、政治明星、战略明星。当然，这不是文化发展的时代，而是军事计谋发展的时代。

第二个人才辈出的时代是从辛亥革命后到北伐战争之前，这二十多年人才急骤地喷发出来，出现了很多大思想家、政治家、军事家、文学家，人才的面比三国时期更宽。孙中山创立了黄埔军校，三十八岁的蒋介石当上了校长。周恩来在法国，后经人推荐回国，担任黄埔军校政治部主任，当时只有二十七岁。那时的周恩来只不过是一个知识青年而已，但一下子就进入了政治舞台的中心。三国时的诸葛亮被刘备三顾茅庐，出山当军师时，也是二十七岁，他们都是赶上了好时代。二十七岁就能够运筹帷幄，问鼎天下。如果不是在激进发展的时代，有可能吗？今天有很多大名鼎鼎的年轻人，二三十岁就成了大企业家，坐拥几十个亿的资产。这就有点像当年的诸葛亮和周恩来了。在经济领域里逐鹿中原，这也是碰到了好时代。

同过去人才辈出的时代所不同的是，当下这个时代给读书人创立的前所未有的机会，不是以战乱为代价，不是以军阀割据为代价，更不是以生灵涂炭为代价。邓小平倡导的改革开放，是在创造我们民族伟大的新史诗，它给文人提供的机会，是迈向盛世所创造出的平台。在这个平台上，一些年轻人很快找到施展自己才华的位置，像网易的丁磊、阿里巴巴的马云，身价都不低啊！有人说他们是碰上了好时候，不一定有什么超凡的才能。我不同意这个说法。能在纷繁复杂的社会中找到自己的位置，这不是超凡的能力又是什么？任何一个时代，一个人要想成功，都必须进入主流社会。国家实施重大战略转移，以经济建设为中心的时候，经济领域便是主流社会。在主流社会里，我们会获得更多资讯，更准确地把握时代，获得更多地锻炼自己的机会。一个人只有经历了足够多的曲折和坎坷，尝到足够多的创业的艰辛，他才有可能成为一流的人才。

以我自身的经历为例，1980年我二十七岁获全国诗歌大奖。那一年春天，全国短篇小说、中篇小说、报告文学和新诗四个大奖一起在人民大会堂颁发，党和国家的十几个领导人来为我们颁奖。从一滴水中见太阳，从作家们受到的礼遇，我感到中国的春天开始了。几十名获奖作家中我的年龄最小，只有二十七岁，因此也特别激动，我感受到美好的时代开始了，我们要努力！这种强烈的感觉，不是飘飘然，不是得意忘形，而是让我有一种神圣的使命感。我感觉到社会向我开放了，我应为社会做点什么。当这种使命感在我心中升腾的时候，它让我躁动。领奖回来，我坐在南行的火车上，看到华北平原的麦子已经开始成熟了，白雾一般的地气在升腾，再没有那种萧瑟的感觉。我当时非常激动，就在火车上写诗："我的坐在风车上的乡村啊，我的叼着旱烟袋的乡村啊，你说，我该怎样歌唱你呢？当有人把你从要饭的篮子上摘下来，洗得干干净净，重新放回到朝霞满天的原野时，这个人，我该怎样歌颂他呢？"这个人便是小平同志，是他让文人的价值回归。我觉得我生命的创世之旅就是从那一刻开始的。

四

现在我来讲讲为什么我在文坛有滋有味的时候，却又突然下海经商。我1981年二十八岁就调入省城，当上了专业作家。但在进入20世纪90年代之后，我突然感觉到所有的激情都消失了，每天坐在书房，不知道要写什么。1992年的某一天，我要出差，那时火车票很紧张，我便请铁路局的朋友给我买一张火车票。我提前五天告诉他，他很为难。后来他把票给我，说："召政啊，你的这张票买得真难。"我问："为什么呢？"他说："你知道软卧车厢里坐的是什么人吗？第一是领导干部，第二是汉正街的个体户。"汉正街是武汉的小商品贸易市场，全国有名，这条街盛产万元户。在90年代，万元户还是很吸引人的。我听后心里有点不舒服，我说按规定我可以享受的啊！他说："规定没用！只有这一节软卧，要坐的人很多，领导干部必须保证。个体户可以出三倍、五倍的价钱，你又出不起。"我说："个体户有什么了不起，不就是有几个臭钱吗！"知识分子的尊严受到伤害。朋友说："你也别这样说，不信你也去赚钱试！"我说："我就赚钱给你们看看。"朋友间谈话嘛，我很认真也很不服气："高智商的人能写文章，还赚不回几个臭钱来？"在内心深处，我那时非常瞧不起商人。我的尊严提醒我，我得试试。那是一个物资短缺的时期，从生活用品到建筑材料，什么都缺。湖北有一个武钢，也有一个生产东风卡车的二汽。但不管是钢材还是汽车，价格都是双轨的，即计划内的价格比计划外的价格要便宜很多。一些有本事的人通过领导批条子弄出计划内指标，拿到市场上一倒手，大把大把的钞票就揣进了兜里，社会上管这种人叫"倒爷"。我也不知道哪来那么大的勇气，有权有势的亲戚一个也没有，偏还想当"倒爷"。我天天去看东风卡车的价格，然后绞尽脑汁想，到哪儿可以找关系批条子搞一台车，倒出去赚一笔钱。不到一年的时间，我把螺纹钢、东风卡车的价格搞得一清二楚，成了价格专家，就是没当成"倒爷"。我出身于工人家庭，先天不足啊！

当不了"倒爷"，我决定下海。汉正街的个体户，卖纽扣也卖成了万元户，我不至于连纽扣都不会卖吧？听说我要辞职下海，我的家人全都反对，但我血液里有一种勇往直前的勇气。一经决定要做的事，十头犟牛也拉不回。

我下海时给自己定下三条游戏规则：第一，我是文人，不做文化生意。那时文人下海做什么呢？印书、卖挂历、做点小广告，都是小生意，一点意思都没有，赚不了什么钱，还很被人瞧不起。第二，凡是人民币形成"场"的地方，我就到那里去。哪儿钱多，我就到哪里去，这叫"场"效应。第三，跟文坛决裂，自我人间蒸发。因为老挂着文学，生意就没法做了。因为这三点，我很快找到了商场的感觉。我在商场里的几年，所有人都忘记了我是作家出身，我自己的思维习惯也完全换了。文人把自己的尊严看得高于一切，商人把成功看得高于一切。我下海的第一件事，是做高尔夫球场。我投入一百万在里面，如果不成功，我这一百万就没了，非常现实的问题。而文人一篇文章不发表，不过浪费一张稿纸和半天时间，这成本很低。如果这时候我还把个人的好恶看得高于一切，我就不是商人。商人满眼都是利益，必须尽最大的努力促使自己的项目成功。商人比文人活得残酷得多。如果没有商业的训练，我会用文人罗曼蒂克的方法来写《张居正》，老让人爱憎分明。我知道，最不能爱憎分明的是政治家和企业家。职业的要求，必须把自己所有的东西隐藏起来。文人的习性是一吐为快，这在商场却使不得，性情中人是经商的大忌。赚钱的快感与写文章的快感有点相同，但又不是一回事。记得我第一次赚到五千块钱，左看右看，兴奋得通宵睡不着觉。我在80年代，十年的稿费攒起来有三万元。后来炒股票，这三万元半年时间变成了二十八万。十年赚三万，半年三万变成二十八万，那时我老觉得这是梦幻，就觉得这个时代太好了，它给了我很多的机遇。我不用找人批条子，知识分子可以设法躲避行政权力的压制，获得自己的财富。要说时代进步，这便是最大的时代进步。

在商海的七年，我做过高尔夫、房地产和证券，结识了一大批商界朋友，其中不少是精英人士，至今还是叱咤风云的时代骄子。尽管我也算获得了成功，掘到了第一桶金，家中五十块钱买的一辆破自行车换成了奔驰和加长的凯迪拉克，房子也越住越大，但我并没有乐不思蜀，最终还是回归文人的身份。我这么决定，是有两个原因：第一，在经商期间，我利用业余时间大量地研究明史。我觉得张居正这个人在我心中已是呼之欲出了，我想集中时间、集中精力为他写一部历史小说。第二，我已经失去了赚钱的快感。当年赚五千块钱，兴奋得一晚上睡不着觉。现在一天赚一百万，也完全不能兴奋。我心里明白，这种兴奋感的消失，证明我不是一个好商人。其实，我当年下海，就是为了赌一口气，试试自己能不能赚钱。

1998 年秋天，我接受香港亚视采访的时候，主持人问我："熊先生，现在文人都急于到商海里去，你为什么要回来？"我说："第一，我的性格不适合经商，我好静，喜欢独处。商人不一样，他需要把自己的生命向社会全部打开。第二，我骨子深处还是一个文人。我从小受到的训练是文学。我五岁开始练毛笔字，背诵唐诗宋词，背《古文观止》《文心雕龙》。我受过的职业训练告诉我：将来能够激发我生命能量的恐怕还是文学。因为碰上改革的好时代，我掘到了第一桶金，也掘到了第一桶智慧。第一桶金保证了我智慧的生活。但再在商业上往前走，我恐怕不会有更大的成就。说一句很势利的话，当李嘉诚、比尔·盖茨这样的超级企业家，我今生无望。我的年龄、资历、经历都不能保证我完成这个目标。但是我在文学上非常有雄心，只要我努力，兴许还有可能成为中国的托尔斯泰，我有这个野心。今天借你的镜头，告诉观众，我下海几年得出的经验是：赚钱很容易，写文章很难。"主持人笑起来了："熊先生，因为你成功了，你可以说这句话，你认为所有文人都能说这句话吗？"我说："这是我说的话，不是作家协会主席说的话。因为在这么好的社会环境下，赚钱只需要中等的智慧；可在这种浮躁的社会环境下，沉下心来写一部力作，你需要上等的智慧。因为你首先要抗拒而不是顺从。我没有贬低能赚钱的人。如果我年轻二十岁，我就不说这种话了。"

在漫长的岁月里，文学家、艺术家曾经是社会风气的提倡者，现在这种功能基本转向了企业家。在经济活力成为社会主流的时候，作家已被社会边缘化了，他头上的光环让给了企业家，这绝不是社会的退步，而是进步。如果一个人在三国的时候，想当曹雪芹，一定是吃错药了。当时荆州刘表的问题就是出在这里。他找的人才都是经学家、作家、诗人、画家，他眼皮下的诸葛亮、庞统、徐庶这样一流的战略家，他却一个都不要。在一个国家和地区需要发展的时候，你不要战略家、军事家，而是要文学家，这不是吃错了药吗？所以，刘表的地盘最终被曹操、刘备、孙权瓜分了。

五

清代诗人赵翼有两句诗"江山代有才人出，各领风骚数百年"，可以比喻时下文人发展的态势。"江山代有才人出"，不是指新作家取代老作家，而是企业家取代文学家，商人取代文人。作为作家，首先要肯定这种取代，其次我们还是要有自信。三国时期固然偏重于政治家、军事家和谋略家，不是还出了以三曹为代表的建安文学吗？辛亥革命后的中国同样是以政治家与军事家为主，但不是还出了鲁迅、郭沫若与郁达夫这样的大文学家吗？人才是和时代的发展紧密相连的，从文人的变迁也可以看出时代发展的轨迹。任何一个时代，知识分子都想建功立业。但在什么领域里建功立业，固然有个人的爱好，主要还是看时代的需要。在今天来讲，当一个企业家比当一个作家更有利于自己的发展，因为社会给企业家的机遇更大。这就是中等智慧可以做成功的商人，上等智慧才能保证做一个成功的文人。如果是上等智慧的人做企业家，那他就可以进世界五百强，这比写一本书更有用。

经商对我人生最大的改变是什么呢？如果归于一点，那就是我没有放弃文人的道德自律，但放弃了自恋。我知道怎样和社会对话，怎样顺应时代的潮流；我知道一个知识分子在今天应该如何发挥自己的作用，应该采取什么样的一种生活方式。怨天尤人是没有用的。去年，我参加省政协会议，文化组政协委员讨论。画家说湖北没有书画市场，卖不出去画作；刊物主编说办刊物省里给钱太少，扶持力度不大……每一个人都在发牢骚。我知道，他们的牢骚都是货真价实的，但还没有走出计划经济体制下的文人思维，没有在社会多重视角下看待自己所从事的工作，应该怎样寻找对策和出路。我三天没有讲话，后来召集人要我讲一讲，我说："大家说省长的工作报告中对文化的重视程度不够，只提了两句，几个字你们都算出来了。其实不提也可以。"大家听后一愣。我说："布什每年的国情咨文里没有提及美国文化该怎样发展，结果美国文化向全世界输出。我们现在提出文化复兴，恢复到唐朝的水平，可唐太宗文集里没有谈文化问题，全部是谈政治问题。文人从事自己的事业，为什么要靠政府？你们为什么不能自己解救自己，发展自己的产业？"文人总是愿意把自己当作藤，没有想到自己怎样成为一棵树。没有凤凰会栖在藤上，它只会歇在树上。不要把自己的幸福寄托在别人的施舍上。我讲的话，文人听了不是很高兴，但听后又觉得有道理。

有一年，飞机失事，我写了一首诗，结尾的两句是这样的："猛一听到飞机失事的消息，我就想，借别人的翅膀飞行，总是不安全的。"我在做商人的时候，就提醒自己，得自己长出翅膀来，自己给自己当天使。

今天，在我气定神闲写自己作品的时候，我不是为生计而写作，而是为爱好而写作，说得大一点，是为理想而写作。我经商的经历，使我跨过了为生计写作的阶段。有人跟我讲，说我是典型的儒商。我说："你说错了，我不是儒商，我是商儒。"这有什么不同？儒商是把他学到的知识用来经商赚钱，商儒是把经商赚取的钱用来实现自己的文学抱负和理想。我也希望同学们能当儒商的，就当儒商，能当商儒的，就当商儒。

2007 年 4 月 30 日

在成都电子科技大学的演讲

我做文字工作的几点体会

从广义上讲，我与在座的各位同人都是做文字工作的，但此文字非彼文字。我是传统意义上的文人，我的文字充满个人的色彩，更散漫一些。你们作为政策研究的专家，更讲究文字的针对性、严谨性和指导性，你们既是省委的"智囊"，又是"文胆"，湖北改革发展的"大块文章"和重要文件，都从你们手中出来。但作为搞文字的同行，我还是有一些体会在这里交流。

先讲第一点体会：文字无小事。

从二十岁时我在《湖北日报》发表第一篇通讯到现在，见诸铅字的文章写了四十多年。四十多年来我深切感受到，文字无小事，文字有力量。因为人类的思想都是通过语言文字来表达的，我们认知马列毛邓思想，其途径也是靠文字。中国的汉字，是世界上最伟大的语言之一，但学习汉语要比学英语困难得多。在汉语中不同词语里的同一个字，如果我们追根溯源，弄清了它的来源，在用的时候就会感到这个字魅力无穷、奥妙无穷，文章也不会写得干瘪、单薄。关于语言和文字的重要性，《吕氏春秋》里有一段精辟的表述："言者，以谕意也。言意相离，凶也。乱国之俗，甚多流言，而不顾其实，务以相毁，务以相誉，毁誉成党，众口熏天，贤不肖不分。以此治国，贤主犹惑之也，又况乎不肖者乎？惑者之患，不自以为惑，故惑惑之中有晓焉，冥冥之中有昭焉。"两千多年前的这段论述，对我们文字工作者是一个警示。

我年轻时，尽管从事文字工作，但还并不知道文字的深浅。我的老师是著名作家徐迟先生，当年学文学，他让我读马克思写的《路易·波拿巴的雾月十八日》，这是一篇政论文章。当时我很疑惑，那么多文学名著我还没读，为什么读这个呢？他说，你把文学放下来先读这个，为什么读这个？这是语言表述的经典，我们要学他的经典表述。比如，书中的观点讲，有什么样的人民就有什么样的君主，为什么这个地方出暴君？是因为当地民间习俗养成的。再比如，一个人的语言能够表述自己的思想，首先得自己有思想。徐迟老师还说，思想家、政治家、文学家以及科学家的文章都是不一样的，要分门别类地读。他还让我看二战时一些国家元首的演讲，看看这些在国际舞台上叱咤风云、运筹帷幄的领袖，他们脱口而出的思想、语言达到了怎样的高度。他还说，如果让你去给他写演讲稿，你能写成什么样子？能否写到使群情沸腾的地步？他问我，罗斯福1933年就任美国总统时的演讲，你能看出好在哪里吗？看不出来就去学美国历史、美国宪法，然后再来看。

这样读了几十年，直到金融危机出现，我国以四万亿投资拉动消费需求时，我这才慢慢看出，罗斯福的能力和他高明的决策。这也证明，对于从政者来说，语言和文字只是他表达思想的工具。没有思想、没有感情的文字，再华美，再灿烂，也只能给人以空洞的感觉。

从古到今，中国始终把从事文字工作、从事政策研究的这些人，置于国家政治生活的中心。明代的翰林院，就职能来说，与我们政策研究室最接近。翰林院里主要有四种人，第一种叫"编修"，也就是研究政策的。张居正的第一个职务就是编修，从编修到宰相用时二十多年，可见他的政策研究是如何出类拔萃。第二种叫"编撰"，专门给皇帝写诏书、起草文件的。第三种叫"侍讲"，就是我们今天所说的"帝师"，给皇帝讲课的。第四种叫"侍读"，也就是陪皇帝读书，随时释疑解惑的。这四种人基本上没有在这个位置上终老其身的。明代对文字工作者的尊重、提拔和使用，甚于今天。当时，进入内阁首先得有一个资格，即必须是大学士。大学士有东阁大学士、文渊阁大学士、文华殿大学士、武英殿大学士及华盖殿大学士。只有成为大学士，才有资格进入内阁，也就是说，必须是专家。这些专家几乎全都是语言文字方面的行家里手。当时的大太监冯保为刚刚登基的万历小皇帝拟了一道诏书，文渊阁大学士高拱雷霆大怒道："不经凤阁鸾台，何名为诏？"意思是说，不经内阁大学士们的草拟、润色，皇帝的诏书就不算诏书。在明代，总共有一百余位内阁首辅，其中绝大部分都有翰林院工作的经历，都是搞研究、搞文史的出身，这是明代用人的一大特色。万历皇帝三十年不上朝，但他不用操心，政务同样可以处理好。这是因为内阁首辅是"职业政治家"，这些职业政治家没有一个口才不好、笔头不好的。这两样是政治家的首要标准。

大家都熟知，《共产党宣言》的第一句话是"一个幽灵在欧洲大地上游荡……"语言的渗透力非常锐利。这是政治家、思想家的语言，也是诗人的语言。我三十岁的时候，读到诺贝尔文学奖获得者——智利诗人、政治家聂鲁达的作品，有这样两句诗："我到过一座又一座城市，同一个又一个陌生的人握手。"当时我认为，这不是大白话吗？怎么能叫诗呢？"两个黄鹂鸣翠柳"，那才是好诗啊！等到我有足够的阅历后才明白，那诗背后是什么；才知道这么简单的两句诗，后面所蕴藏的人格力量以及追求真理、献身革命的艰辛。聂鲁达献身革命，欲推翻暴君的统治而遭到通缉。流亡的过程中，他到过很多城市，许多陌生的人帮助过他。这两句诗记录的便是这段历史。所以，读懂一篇文章、一首诗，首先要了解这篇文章产生的时代以及作者的经历。对文字的理解实际上就是对时代与作者的理解。

1992 年，小平同志视察深圳，在那"东风吹来满眼春"的时候，我正在那里，在与朋友聊这件事，忽然联想到明朝万历年间推动过改革的大政治家张居正，便萌生了深入了解这个人的想法。回来后，我到处找有关张居正的书，但那时资料很少。"文革"以前出版过一套《张文忠公全集》，厚厚四本，费了很长时间，我才把没有再版的这几本书找到。我原以为看看这几本书就能了解透张居正，谁知道这只是刚刚开启了一个漫长的学术研究的大门。仅这四本书远远不够，还得读《万历皇帝传》《嘉靖皇帝传》《隆庆皇帝传》等，还要研究明代的政治制度、管理模式、财政制度等。深入进去后才明白，我是发现了一个崭新的"银河系"。其实这个"银河系"一直都存在，只是被我们忽略了。张居正十二岁中秀才，为全省第一人；十三岁第一次考举人，考策论，三个主考官对其文章都给予了很高的评价。湖广巡抚顾璘阅卷后，很是惊讶，一看名叫"张白圭"，调查得知是一个十五岁的孩子，这么小的年纪有这么老辣的思想更是不得了，便将他们父子找来问话。张居正的父亲也是考生，屡考屡败，这是第九次赶考。问完话后，顾璘说，你的名字得改一改，"君子居其正也"，就改名为"居正"，并把犀牛角腰带送给他。还对张居正说，你将来要入凤阁鸾台，肯定不系我这个腰带，你是"腰玉之人"，但是你要更加勤奋谨慎地对待自己。明代官员服装品级，只有正三品，即今天的正省级干部才能系犀牛角腰带，只有宰相能系玉带。这件事，全武昌城传为美谈。但第二天放榜，父子二人双双名落孙山，这实为顾璘要杀杀这孩子的骄气，只有多打磨方可成材，宁可让他受点委屈，也不能让中国多一个唐伯虎、少一个魏徵。顾璘认为，雕虫小技的文艺不足谈也，还是要当大政治家。结果，一直磨砺到十九岁，才让张居正考中举人，二十三岁考中进士。一般来说，新科进士中，百分之七左右可以进翰林院见习，两年后转正。张居正被选入翰林院，主要研究历朝的典章制度及治国之道。他是一个不苟言笑的人，工作中却常有不同于常人的看法。当时有一个思想家叫何心隐（江西吉安人），恃才傲物，是民间的意见领袖，在一次学术聚会上口若悬河。时任编修的张居正盯着他，一言不发，分别时对他说："你说得太多了。"何心隐看着张居正离去的背影说："他年杀我者，必此人也。"二十年后，果真应验了。我在《张居正》小说中写了这段历史。自古至今，笃学多思是搞政策研究的第一要旨，而谨言慎行是在领导身边工作的第一要义。

张居正二十五岁转正，真正成为天子近臣。当时翰林院掌院大士徐阶觉得这个年轻人很好，不但仪表堂堂，而且很有城府，热爱学习，沉默寡言。张居正转正之后，这个两年不怎么说话的人，就立即给皇帝写了一道针砭朝政的奏章，即著名的《论时政疏》。我三十七岁读这篇文章时没读懂，反反复复读，认认真真琢磨，找了很多资料对照研究，直到一年后才读懂。张居正把这篇文章送呈给徐阶，但徐阶并没有转报上去。他不是忌才，而是为了保护这棵好苗子。徐阶认为，有思想很重要，但什么时候表露思想更重要；有思想不难，让思想化为执政的纲领很难。当时嘉靖皇帝一门心思炼丹，想长生不老，把持朝政的是大奸臣严嵩。他与儿子严世蕃二人结党营私，排斥异己，凡是对朝政提出批评的人，轻者撤职，重者腰斩。这时候张居正的奏章送上去，肯定会招来大祸，所以徐阶才压了下来。但年轻气盛的张居正不服气，认为朝廷正气不张，自己这么干下去是虚度光阴。于是他在二十七岁时，就请假回江陵老家养病。二十七岁，这么年轻会有什么病？这只是"自炒鱿鱼"的托词而已。他回家读了五年书，在父亲催促下又回到北京销假，继续当编修。这时徐阶已是次辅，地位仅次于严嵩。他接见张居正，觉得这五年来张居正的躁气减了很多，于是加紧对他培养。四十二岁时，张居正就以文渊阁大学士的身份成为内阁次辅。张居正的成长之路给我们一个启示：做政策研究一定要沉得住气，板凳要坐十年冷。

不久前省图书馆为我举办了一个小型书法展，某天晚上，李鸿忠书记百忙中抽时间去看了看，他在写有"坐冷板凳，做老实人"这两幅扇面跟前停下来说："这八个字好，冷板凳坐不住，老实人不愿意做，就不可能做什么大事。"当今社会丰富多彩，诱惑很多，但一个人一定要在心里放一张冷板凳。这是一种做学问的态度，也是一种人生的境界。我有一个体会，一旦进入状态，坐在冷板凳上的时候，心就会很静，如果发躁的话，心跳就会加快，血压就会升高，这时候思考问题，往往会有偏差。张居正四十八岁当上首辅，才得以施展抱负开始改革，万历新政才得以在全国全面推行，他的改革一直是为后人肯定的。但要考察他的经历，如果用今天用人的标准看，他是不够格的，他没当过知县，也没当过知府，没做过一天基层行政工作，也没有当过封疆大吏，他一辈子的职务是搞研究，但谁会说他是书呆子，谁能说他不识民间疾苦呢？知道民间疾苦的，不一定是天天和老百姓在一起的人。以史为鉴，以人为镜，让他达到事业和人生的巅峰，离不开他做政策研究工作的长期积累。

下面讲第二点体会：一个文字工作者必备的素质。

从事文字工作需要什么样的素质？从张居正的成长、发展历程中可以提炼出这样几点。

第一是笃学。学习一定要坚持，要勤奋，要一辈子手不释卷。在信息社会到来之前，学习一点知识可以管用几年，但当今社会日新月异，瞬息万变，一天不学习就会落伍。"天不变，道亦不变"，这是终极道义，世间的生活每时每刻都在变。"二程"（程颢、程颐）的《遗书》上有这样一段话："凡一物上有一理，须是穷致其理。穷理亦多端：或读书，讲明义理；或论古今人物，别其是非；或应接事物而处其当否，皆穷理也。"毛泽东和蒋介石喜欢读的书是完全不一样的。毛主席读书是怎样才能放纵，蒋介石读的是怎样才能收缩，这是一对政坛上的大对手。两个人读书的旨趣不同，决定了不同的结局，决定了彼此的成与败。要把所有的是非分辨出来，"只格一物，便通众理"是不可能的。最会读书的颜回也不敢说这个话，积少成多才会找到贯通处。我十六岁下乡时没有书读，把周围五六里范围的书都借来读完了。后来，实在没书读就读《康熙字典》，我每天学十个字，中午休息时用棍子在地上写这十个字，晚上回去用这十个字造句。有一天，我突发奇想，认为《红楼梦》中没有一个字是《康熙字典》中找不出来的，肯定还有许多超过《红楼梦》的杰作，都隐藏在这套《康熙字典》里，只是我们找不到这些文字的排列密码。这样的密码恐怕永远都不会有，只有矢志苦学，打下坚实的基础，才有可能让文字鲜活起来、伟大起来。于是，我更加发愤地读书。有一天我借来《文心雕龙》，书主只肯借我读一个星期，在书快取走时我急了，就将没读的抄下来，最后一个晚上还有好几篇没有抄，但是煤油灯油干灯枯，我急得跳脚，把家里的菜油倒进灯里，居然点着了，我就借着菜油灯把书抄完了。那几天，我们家吃的是白水煮萝卜。我就是在这种条件下读书的。没有灯，为了读书冬天起得非常早，出早工之前就起来，但有曙光的地方一定是风口，我就跑到村头风口上读书，手脚都被寒风吹得开裂。就是靠着那样一点曙光去读书，好在老天爷眷顾我，眼睛竟然没有坏过。就这样，读了很多很多书，但感觉化不开。文化文化，文不能化开，文是一点作用都没有的。佛家谈悟道的三重境界：学道之初，见山是山，见水是水；学道之中，见山不是山，见水不是水；得道之后，见山只是山，见水只是水。我在很长一段时间里是"见山不是山，见水不是水"，快四十岁时才豁然开朗，这同佛教悟道是一样的道理。在储备丰富以后，阅历又达到一定的程度，有一天所有的知识会突然生动起来，背过的那么多唐诗、那么多文章，到那一天就像排队一样涌现出来，所谓"下笔如有神"。

第二是慎独。就是小心说话、行事。明代开国制度设计者宋濂，参加工作时已经五十六岁了，早年长期教书带学生，是一个民间人士，后来朱元璋发现了这个人才，尊他为宋先生。朱元璋经常找他密谈，有时一谈就是一晚上，所有人都想知道他们谈了什么，但他守口如瓶，嘴里不说半个字，还在办公室里挂了两个字——温树。西汉时有一个宫殿叫温室殿，皇帝经常在殿里和御史大夫孔光商谈国事。孔光谨慎到什么程度？有一天回家正好八月十五中秋节，家人在一起吃月饼过中秋，院子里的桂花都开了，夫人说，你看桂花开得多好，这么晚才回来，宫殿里难道也有桂花树吗？他说，今天这个月饼真好吃，是夫人亲自做的吗？他答非所问，连宫殿里是否有桂花树都不说。"温树"，从此就成为在领导身边工作的人守口如瓶、谨言慎行的格言。后来还是有人问他政事，他不说话，手往后面指那两个字给人看。

再举一个例子。"同是天涯沦落人，相逢何必曾相识。"在一般人看来，白居易的《琵琶行》是千古绝唱。但宋濂对白居易的评价是"大失臣体"，就是说，失掉了做臣子的本分。他认为，皇帝把你贬成江州司马，你却和一个沦落风尘的妓女同悲沦落，这不是自我作践吗？怎么能在这个时候忘掉朝廷呢？"居庙堂之高则忧其民，处江湖之远则忧其君"嘛！这就是有"温树"境界的人的风骨和观察人事的立场。

第三是多思。一定要勤于思考。创新是文字工作者的灵魂。有新思想新观点很难，才高八斗不一定有新思想新观点。苏轼一辈子遭遇了很多坎坷，其实他的文采淹没了他的政治才华，他是一个思想家，是有宰相之才的，而李白没有。李白是有了两盅小酒就开始疯狂，说过头话。苏轼对杰出历史人物、当朝典章制度进行了很深的研究，他的策论文章，其思想锋芒远超《赤壁赋》，只是一般人不懂政治，只把他当成文学家、诗人看待。他对一些政治问题、历代的兴衰得失都有独到的研究和见解。比如，他论诸葛亮。诸葛亮在一般人心中是神，杜甫对诸葛亮的评价是"万古云霄一羽毛"，是一种诗人的评价，有点不落实际。但苏轼的评价是："取之以仁义，守之以仁义者，周也。取之以诈力，守之以诈力者，秦也。以秦之所以取取之，以周之所以守守之者，汉也。仁义诈力杂用以取天下者，此孔明之所以失也。"看到这一段后，我认真阅读了《隆中对》，实地考察了汉中、襄阳、南阳等地，从地理实际来看，三分天下的一些战略、战术确实是行不通的。一个二十七岁的年轻人，在信息闭塞、地理知识匮乏的情况下，又怎么能写出正确的取天下之势的文章来呢？所以当时诸葛亮更多的是文学才华，还不具有政治家的谋略。但我对他的人格是赞赏的。前些年，陕西勉县武侯祠管理方让我写一副对联，我上联写的是"兖州荆州益州，一生事业千秋相"，下联写的是"隆中汉中关中，半世功名五丈原"。后来，我想到了杜甫怀宋玉的两句诗："摇落深知宋玉悲，风流儒雅亦吾师。怅望千秋一洒泪，萧条异代不同时。"任何一个问题都容易形成世俗的观念，而我们要在世俗观念中找到自己的学问立足之处，才能有不一样的领悟。

再讲第三点体会：我对文字工作的一些理解。

二十岁时，我在《湖北日报》发表了一篇长篇通讯。就是因为这篇通讯，我由一名下乡的知青，被调到了县委办公室写材料。县委书记是个参加过抗战的退伍军人，他认为能写诗的人，各种材料应该都能写，不像今天分工很细，写文学、写通讯、写调研报告，根本不是一回事。有一天，他要求我们写材料的几个人对英山县学大寨的做法做些宣传，一人写一篇稿子，要刊发在《湖北日报》上。我吃了很多苦，看了很多材料，写了一篇《四大嫂战斗队》。县委宣传部长看后说，这篇文章有新意，最后上报时就用了。后来，县委书记高看我一眼，说这个年轻人写文章还行。

我对文字工作的第一个理解，就是要写别人没写过的东西。有一年，县委要召开三级干部会议，县委书记让我写会议报告，这下可把我难住了，从没替领导写过报告啊，急得要命。经过一番努力成稿后，听人说县委书记总念错字，这可是个难题，这会让别人认为是撰稿者的能力问题。所以我就结合英山方言，全写的谐音一样的错字。比如，将"抛头颅洒热血"写成"跑头颅杀热血"，但用英山方言来念，一个错字也没有，一改过去县委书记常念错字的问题，效果特别好。

我对文字工作的第二个理解，就是为领导服务，要懂得领导的语气、文风及水平。要明白，是领导做报告，而不是我做报告，要突出领导的讲话风格。写材料可以自信，但千万不能自恋。为他人作嫁衣裳，可以成为最伟大的服装设计师，尽管衣裳穿在别人身上好看，但你也有一份光荣。荀子说："君子之学也，入乎耳，箸乎心，布乎四体，形乎动静；端而言，蝡而动，一可以为法则。小人之学也，入乎耳，出乎口，口耳之间，则四寸耳，曷足以美七尺之躯哉？古之学者为己，今之学者为人。君子之学也，以美其身；小人之学也，以为禽犊。"因而，我在写作过程中经常换位思考，把自己想象成思想家，想象成领导，想象成女人，想象成老人，等等，从不同的角度看问题，再下笔。

我对文字工作的第三个理解，就是要做到独创性，必须多掌握几种文体。曾国藩认为，为长官服务，学识一定要渊博，如果他有十三门学问，而你只有两门，那可不行。有句话叫"久病成良医"，同样，长期从事文字工作，总有一天会成为文章圣手。但有一点要铭记，把服务对象一定要研究透。比如，鸿忠书记经常讲的"企业家老大"这句话，较容易引起歧义，一些非企业界的，例如科技界的，可能会说，企业家是老大，那我们是什么呢？我研究以后说，企业家作为一个新兴社会阶层，是利用企业这个平台，将科技、教育、文化等诸多功能进行组合，而让企业成为服务于社会发展的加速器。所以，对于领导提出的一些新思想新观点，我们要认真思考，给以准确的定位和宣传，苦心孤诣地把每一个词语解释通透。大家知道的，随州祭祀炎帝神农的四篇祭文，当时如何确定文体，就颇费了一番周折。祭文是古代的文体，但不能太拟古，语言要照顾今人，既要读得像古文，又要让今人好懂，这是第一要求；第二要求，祭文要对湖北的中心工作有所昭示，但又不能教科书式地说教；第三要求，要考虑老百姓的欣赏习惯。我就按这个要求来写《颂炎帝文》，得到了各方面的肯定。最近，又有人让我写《楚商宣言》，要在第一届楚商大会上宣读，我说那可和祭文不一样，商业是时代最激进的业态，是最超前的，要用政论式的文笔，不能用咬文嚼字的文笔。用什么文笔呢？用《共产党宣言》的文笔。所以说，要根据不同的需求写不同的文章，这样，才能彰显文字的力量。

最后，我想和在座的同人说说我的心得：文字工作千万不能以不变应万变，而应该以万变应万变，只有这样，才能把本职工作做好。

2013 年 10 月 18 日

在湖北省政策研究室的演讲

我对"仁"的理解

　　大约八年前，我做过一次演讲，讲的题目是《快乐的读书人》。读书确实是一件让人快乐的事情，但是人不可能把一辈子的时间全部用来读书。我在自己以往的读书悟道生涯中，比较偏好中国传统文化，这是因为，我出生在大别山一个较偏僻山区的小县城里，而中国最适合读书人居住的地方，就是像五十年前的比较僻静的山区小县城这样的地方，它是城乡的接合部，既不乏城市的信息，又有农村的形态。我们有很多做学问的人都是在小县城里出生的。小县城里的生活给了我精神和物质的营养。很多年前我写过诗，写到了深山的小县城，说那里是"牛铃摇动的城市"，是"混凝土建造的乡村"，表达了我的一种生活状态。传统文化对我来讲，就如同须臾不能离开的空气、阳光与水，是故乡给我的精神食粮。当然，在全球化的背景下，世界上各种优秀的文化很多，但我的祖辈很少接触外来的文化，我在少年和青年时代之前，也极少接触到异域文化。我一直在传统文化形态下生活，因此我觉得，别的文化对我来说并不重要，是我的母语文化让我诞生、成长、壮大，后来一直延续，最后走向自己的终点。这种感情不一定每个人都会是这样，但这是我个人的一种状态。

上次来国学院座谈时，冯天瑜先生问我，这次讲座讲什么？大家都知道，张居正是中国有名的改革家，如果讲张居正和他的改革，对这么多在国外生活的同胞来讲，也许是个太具"政治性"的话题，可能不算最佳的选择。因此我觉得，还是从传统价值观对当下社会的启示这个角度，来讲一讲我的一些体会比较合适。对于中国传统价值观这个题目，我近几年思考了很多。从小由于家学的原因，我读了一些古籍和典籍，那时读书有点囫囵吞枣，并没有想到它有什么用。等到我进入了社会，理解这个社会渐渐达到一定宽度之后，再回想当年我受到的家学教育，把储存在我少年记忆中而没有用到的一些观念重新焕发出来时，我就能够更清楚地认识一些问题。今天我们的生活哪些是进步了，哪些是退步了，哪些让我们振奋，哪些让我们痛心疾首。以史为鉴，今天，我想同大家一起探讨对"仁"的理解。

我分三个内容来讲。首先讲的是：仁是儒家思想的核心。

大家都知道，是中国传统文化养育了我们这个民族，养育了这一片东方大陆上的人民。在漫长历史的融合发展中，渐渐由儒、释、道三家构成了我们的传统文化核心。那么，这三者之间是什么关系呢？

从哲学观与方法论的角度讲，儒，用一个字可以概括它的意义，就是"中"，不偏不倚谓之中。释，也可以用一个字来概括，那就是"空"。《心经》上讲"五蕴皆空"，然后又讲"空不异色，色不异空"。这个"空"不是什么都没有，而是另外一种生存的思维状态。道，也能用一个字来概括，那就是"无"。从无到有，从少到多，这样一种状态的表现，是从"无"开始的，包括我们经常听说的"一生二，二生三，三生万物"，这种逻辑都是从"无"字概括出来的。

如果从价值观与认识论的角度讲，也有三个字，可以帮助我们来认识儒、释、道。佛就是"悲"，所谓大慈大悲、慈悲为怀的"悲"。进寺庙我们会听到《大悲咒》，悲，反映了佛家对客观世界的认识和理解。人从生下来就是悲剧的开始，人间有喜剧，有正剧，但最终无论是什么人，其一生在佛家看来，都是做悲剧的文章，人生就是要解决这个"悲"字。悲天悯人是佛家的情怀，要解决悲剧这个问题，不在当下而在未来，不在此岸而在彼岸。解决悲的问题首先是"觉"，觉悟的"觉"，先知先觉的"觉"，这就是佛教讲的价值观。道，也是一个字，那就是"德"。老子的《道德经》就讲到了道与德的关系。道家的价值观和认识论，就是要一辈子解决"德"的问题。凡是符合"道"的，就是"德"。我们讲"德配天地"，德就是道的精神层次上的体现。道是客观存在的，德则是理解了客观以后的主观需求和对应。所以说，"老子疾伪"，"伪"就是不符合客观规律，伪君子就是不遵守道德规范的人。有一次我在演讲中说到八个字："人为为伪，人弗为佛。"为是人主观想的，它不是"德"，我们说"有所为，有所不为"，说国家要"无为而治"，就是不要离开德而去想自己的不符合客观规律的东西。凡是人想要的，就是"伪"；凡是人不要的东西，就是佛的境界，所以，佛是一个单人加一个"弗"。

　　儒，在价值观上也是一个字："仁"。用甲骨文，甚至更早在仓颉造字的时候，"仁"字的写法是一竖两横，这是什么意思呢？在象形文字中，一竖，就是古人在八卦上的一竖，一竖为阳，两横为阴；一为阳，二为阴，即奇数为阳，偶数为阴。"仁"字就是从阴阳关系中创造出来的。阴阳的观念，是中国传统文化中的上古文化。什么是上古文化呢？就是上古时期提炼出来的哲学观，主要就是阴阳观。周敦颐的《太极图说》里有"无极而太极。太极动而生阳，动极而静；静而生阴，静极复动。一动一静，互为其根。分阴分阳，两仪立焉"的说法。所以说，中国文化最早的元素，就是从阴阳这两个字演变出来的。这是上古文化的特点。我们讲的道德，就类比阴阳。比如说汶川为什么发生地震？一个看似自然的问题，是客观上的某种原因造成的，研究这个规律就是"道"。然后，这个事情如何避免它？如何处理它？最得当的方法就是"德"。"德"就是自然规律；"道"就是顺应自然规律；只要弄懂了"道""德"这两个字，一个人就能成就大事业。古代人讲"三公"政治。周朝创立的"三公"政治，就是分属行政、司法、军事的三个人，即主管行政的周公，主管司法的召公，主管军事的姜太公。三公的职责可以用八个字来形容：坐而论道，燮理阴阳。所有古代宰相，没有到处跑的，宰相都坐在帷廊之下，沉思国事，研究道德。古代的"三公"政治是一个非常好的工作方式。古代帝王学，就是讲这个君子垂裳而治的道理。

从公元前6世纪到公元前5世纪，仁的意义就有所改变。"仁"不再仅仅是人与自然的关系，而是变成了人与人的关系。如果说一竖两横是先天的仁，源于道家的思想范畴，那么单立人的仁，则是后天的仁，完全变成了儒家思想。当两个人出现的时候，就需要一个人去理解另一个人，就需要把两种不同的声音用一种方法统一起来。那么，在人与人的交往过程中，"仁"就要起作用了。可见，仁，主要是解决人际关系问题，解决人类社会问题。

关于"仁"，孔子有很多重要的论述。比如《论语·颜渊》一节说，樊迟问仁，子曰：爱人。又说："克己复礼为仁。一日克己复礼，天下归仁焉。"意思是说，把自己所有的私欲控制起来，去恢复周朝的礼制，这样一来，你的仁心就会出现；仁心出现了，你周边所有的人就会爱你。由此可见，周礼是一个非常好的制度。

再看《论语·卫灵公》一节："子曰：志士仁人，无求生以害仁，有杀身以成仁。"不成功便成"仁"，杀身成"仁"，说的都是这个意思。在中国古代思想史中，孔子第一个把整体的思想道德规范集于一体，那就是一个字：仁。他以"仁"为核心，形成了完整的伦理和思想体系。这一点是非常了不起的。

仁是中国传统哲学观与价值观的具体体现。以仁为本体，其内容还包括义、礼、智、信、忠、孝、悌、节、恕、勇、让等。这十二个字，都是"仁"在每一个不同侧面展现出来的美好品质。国家需要你"勇"的时候，你就勇敢地迎接挑战，舍身成"仁"；国家需要你"信"的时候，你就诚信待人；国家需要你宽恕什么人的时候，你就要遵循"恕"道……以仁为本体，由此衍生出复杂的伦理价值体系。上面所说的十二个字，形成了中国传统的价值观，而仁是分存于每个字的意义中的。佛家的观世音菩萨，有一种形态是"千手千眼"。小的时候我不懂这个，后来我懂了。因为佛家讲的是悲，人世间有多少种苦难，观世音就用多少只接应的手、多少只智慧的眼睛来看你。仁也是这样，仁在你没落的时候给你勇气，在你迷茫的时候给你信仰，在你孤立无援的时候给你照应。这样一来，仁也像佛教中千手千眼的观世音一样，是身法千千万；每一种身法，都对应了你当下的思想状态以及你需要解决的问题，来接应你，帮你解脱。在这方面，孔子还有很多论述，例如，"己欲立而立人，己欲达而达人"；"己所不欲，勿施于人"。这都是解释如何爱人的。究竟如何爱人呢？就是我自己要站得住同时也要别人站得住；我自己要行得通同时也使别人行得通；凡是我不想要的东西，我也不会给你。己所不欲，却施于人，这就违背了爱人的思想。与人为善，这个"善"就是良知，就是诚信；既是谦卑，也是勇敢。对父母为孝，对兄弟为悌，对朋友为信，对国家为忠，如此便形成了一个立体的"爱人"，一种悲天悯人的胸怀。这个胸怀拥有了，这种境界达到了，就是古人所说的"文质彬彬，然后君子"。

下面我讲第二个问题：仁是孔子思想境界的最高体现。

孔子在公元前 6 世纪至公元前 5 世纪交替时，为什么会提出"仁"这个概念呢？冯友兰先生曾说过："孔子对于中国文化之贡献，即在于开始试将原有的制度，加以理论化，予以理论的根据。"冯先生给孔子下的这个结论是正确的。他所说的"原有的制度"，就是周朝的制度，也就是我们通常所说的周礼。孔子生活在春秋向战国过渡的时期，即由上古向中古过渡并转型的时期。不是所有人都能有幸生活在历史转型期的。幸运的是，在中国的第一个转型期，孔子出生了。而从 1840 年鸦片战争开始，全球化也就开始了，中国的第二个转型期就在那时萌动。现在，我们也有幸处在中国历史的第三个转型期。一个转型期需要几百年乃至上千年，单个的人在其中是十分渺小的，转型期的时间跨度非常长，而对历史长河来说却仍然是很短暂的。孔子是中华历史第一个转型期里产生的一个"奇观"。如果说，炎黄文化是华夏文化的起源，阴阳八卦是中国传统文化的内核，那么，孔子的儒学就是华夏文化第一次大裂变，是中国思想的一次升华。

周礼就是从炎黄文化开创来的上古文化的结晶。周礼，是周代典章制度、文明规范的体现。但有一点需要指出，这样一种好的文化，为什么在春秋战国时期开始出现了"礼崩乐坏"的转型期呢？其转型的特点，就是旧有的文化不管用了，新的文化还不足以支撑起这个时代的发展，这个时候，就出现了很多仁人志士来研究文化的断裂。孔子就觉得，他要研究周代文化起源以及这个文化在历史上起到的巨大作用，现在它为什么不适应这个时代了，是周朝错了吗？还是现在的人错了呢？他得到的经验是"郁郁乎文哉！吾从周"。然后他又说，"久矣，吾不复梦见周公"。他觉得，自己应该把一辈子的心血用在恢复已经崩坏的周礼上，把在文化地震的废墟上重建文化王国作为己任。孔子自觉地承担起了中华文化承前启后的重任。他在承担责任的时候，发现了这个"仁"字，用这个"仁"字来解释周朝礼乐文化，并使之有了现实意义。这个石破天惊的发现，也是一种挟雷带电的创新。一个"仁"字，成了一把解释周朝制度并使之理论化的钥匙，这是孔子一生最伟大的理论创新，也是中国文化史具有划时代意义的理论创新。

孔子之前的春秋时代，就出现过不少关于"仁"的思想表述。如，《诗经·郑风·叔于田》："不如叔也，洵美且仁"；《诗经·齐风·卢令》："其人美且仁"；《尚书·金縢》："予仁若考，能多材多艺，能事鬼神"。从这些论述看，上古时代的"仁"和孔子的"仁"有接近的地方，也有不同的地方。《诗经》是孔子删定的"洁本"，据说原编者为尹吉甫，现在流传的都是"孔子版"。孔子曰："诗三百，一言以蔽之，曰思无邪。"《诗经》中两则论述，"仁"与"美"同列，"美且仁"，即人很美且很善良。《尚书》中"予仁若考"中的"考"通"巧","巧"的定义是多才多艺、能事鬼神。它更多的是从人的生存状态和生存本领上去说的。由此可见，春秋时期的"仁"，是一种对人的品质与才艺的赞美。孔子借用过来，扩大并丰富了"仁"的含义。

"礼崩乐坏"有两大具体表现：一是社会上普遍存在蔑视权威；二是利益至上。从经济学家的观点讲，这也许是社会进步的表现，但在孔子这样的思想家看来，"礼崩乐坏"是一种社会倒退、阴阳失调的恶劣表现。我们今天就存在着孔子说的那种处在社会转型期的"礼崩乐坏"的事情。因此，孔子的"仁"对当下来说，有着特别的意义。每一次变革导致人与人之间、国与国之间关系的剧烈变化，人们由平常心、佛心、道心，变成了"机心"。"机心"，这是庄子的说法。庄子是寓言大师，他的深邃思想都蕴藏在寓言故事里。有一天，他带着学生在路上走，看见当时的一项科技创新，人们挖井并用辘轳取水，他的学生于是就赞美科技进步是多么伟大，庄子却感叹说，"机心"既生，一发而不可收，人类就会向着恶的一面去发展了。人如果要保持本真的状态，就要去掉"机心"，增添道心、佛心、仁心。所以，到了明代后期即 16 世纪末，李贽在湖北的麻城讲学，讲到了"童心说"，希望人们重新回到"儿童时代"。当整个社会的人心都被"机心"控制的时候，你如果拥有一点"童心"，也就有了更高层次的智慧。若干年前，我儿子很小的时候，弟弟从老家送来一只鸡。儿子看见了，想养着这只鸡，就给鸡的一只腿绑上绳子，系在栏杆上，在阳台上养着，还弄了一些小白菜、米粒和水喂它。他对鸡说，这里有水、有菜、有米可以吃，教鸡如何生活。他放学回家后，发现阳台上有很多血，他问："谁打这只鸡了？"大家都说没打。鸡因为习惯刨食，刨水泥地当然会弄得脚趾血淋淋的。儿子看了很伤心，用创可贴给它包扎，然后又对鸡说："地很硬，你别刨了，我们喂你吃。"第二天中午回来，看到这只鸡奄奄一息了，爪子又被刨烂了，他很忧伤地对鸡说："我已经告诉你了，你还要这样！"我在旁边看到了这一幕，就开始思考这个问题。伟大的圣人告诉我们应该怎么生活，我们却如同这只鸡一样，听不懂圣人的话，结果我们把自己带进了死亡，带进了坟墓。庄子说的"机心"是圣贤之言，孔子的"仁"，老子的"道"，都是我们听不懂的真话，结果往往如同那只鸡一样，最终失血而死。

除了"机心"的说法，庄子还有"朽木"的说法。一天，庄子带着学生来到一片树林，看到一棵朽木倒在那里烂掉了，庄子对学生们说，你们要注意，做人不能做成朽木一样，任人踩踏，没有尊严。再往前走又来到一棵正在被砍伐的参天大树跟前，庄子又对学生们说，你们做人不能像这棵树一样，这么英俊高大，否则人们就会砍了你们去做栋梁。学生们不解，就问老师，朽木也不能做，栋梁也不能做，那我们做什么？庄子说，做你自己！老子讲《道德经》很抽象，庄子讲做人的道理却是寓言化的，很形象。孔子与他们两人又不一样，他能把所有复杂的问题都变成操作性很强的准则，变成"仁、义、礼、智、信"这样完备的思想与道德的体系，可以进入每个人的生活，进入国家常态中的"顶层设计"。正因为如此，儒、释、道三家，一定是儒为首，这一点是孔子了不起的地方。我们的先贤、圣人很多，有的圣人讲小乘佛教，讲自己修行；有的讲大乘佛教，讲天下人一起修行。反观当下的社会有点浮躁，人际关系也有点冷漠。我昨天看到网上的一则小故事，说一个老太太开车把一个年轻人碰了，那个老太太把车门一关，躺在了地上，她倒变成了受害人，年轻人呢，也躺在了地上。这就叫"人心不古"。还有就是，见义勇为的救人者反而被诬。为什么人会变得这样冷漠，把所有人都当成自己的敌人？救人反被人诬，拜金主义盛行。这样的状况，类似于两千五百年前孔子所处的转型时期。每一次旧的传统即将毁灭，新的道德规范还没有约束力，人性的恶、低劣、庸俗、卑鄙等不好的东西就出现了，如同"潘多拉的盒子"被打开。这就是整个社会缺乏"仁"和"爱人"之心的表现。

我们有时会感叹今不如昔，每个人都"记得住乡愁"。乡愁美好，其实就是说当年比现在好，才会记得住，才会怀念。如果今天比过去好，我们还要乡愁做什么？提出这个口号，让我们怀旧，就是怀念单纯的人心，怀念良好的风气。人们常说感叹今不如昔是人类的生存本能之一，也是我们"记住乡愁"的主要原因之一。但实际上今日之中国与历朝历代都不可比拟了，我们已傲然屹立于世界民族之林，经济总量也是世界第二大经济体。

接下来讲第三个问题：仁在政治上的表现即是"王道"。

孟子在孔子提出的"仁"的基础上，又提出了著名的"仁政"之说，即把"仁"的学说作用到了具体的政治伦理当中，具体表现为施行"王道"，反对霸道统治。

孟子曾对求教于他的梁惠王说过一段话："地方百里而可以王。王如施仁政于民，省刑罚，薄税敛，深耕易耨；壮者以暇日，修其孝悌忠信，入以事其父兄，出以事其长上，可使制梃，以挞秦楚之坚甲利兵矣。"在这段话里，孟子阐述了"仁政"统治的三条原则：一是"省刑罚，薄税敛"。古人讲"苛政猛于虎"，即是说刑和税过重了，比猛虎还可怕。所谓藏富于国，民必反之；藏富于民，国必强之。二是"深耕易耨"，即发展经济，改善民生。孟子说："五亩之宅，树之以桑，五十者可以衣帛矣。鸡豚狗彘之畜，无失其时，七十者可以食肉矣。百亩之田，勿夺其时，数口之家可以无饥矣。谨庠序之教，申之以孝悌之义，颁白者不负戴于道路矣。七十者衣帛食肉，黎民不饥不寒，然而不王者，未之有也。"孟子的这段话，是对"仁政"与民生改善的具体阐述。通过这段话可以看出，古代中国的生产力十分低下，农人那么认真地种桑织布，到五十才有衣穿；农人养了那么多鸡鸭，到七十才可以不劳动而有肉吃；一百亩田才可以让数口人衣食无忧。现在如果有这个标准，非洲都不算贫困了。在那种情况下，中国人自娱自乐地生活，同一时期的有些国家还在茹毛饮血呢！中国古代的帝王重视农作，每年于春耕之前，亲自扶犁耕田，进行"耕耤礼"。这是必需的，劝农、悯农是社稷大事。明代开国皇帝朱元璋登基后，也十分看重孟子的学说。相传他规定每户农民必须在地里种五十棵桑树。后来，相传当他读到孟子的"民为重，社稷次之，君为轻"这段话时，就不再喜欢孟子了。

关于私人财产与国家稳定之间的关系，孟子也说了一段话。他说："无恒产而有恒心者，惟士为能。若民，则无恒产，因无恒心。"这是什么意思呢？就是说，你让一个毫无财产的人保持恒心，除了士大夫，小民是做不到的。没有解决好财产问题，就解决不了道德问题。孟子就是这么认为的。这些没有财产的人，很可能会用不法手段去谋取不义之财，这样你就必须制定很多法律去惩罚他。如此一来，国家也就会陷入尖锐的矛盾之中，会增加很多警察、牢房、刑法。增加这些，又会增加老百姓的税赋，国家就会处于恶性循环之中。这些人一旦"机心"出来以后，就会对父母不孝，对国家不忠，给世局、世风造成混乱。国家进行镇压，则会加剧混乱。所以，要想让国家平安，明君的政治就是施行"王道"。"是故明君制民之产，必使仰足以事父母，俯足以畜妻子，乐岁终身饱，凶年免于死亡；然后驱而之善，故民之从之也轻。"意思是说，如果这些人，对上会孝敬父母、养老送终；对下会养育子女、使之长大成才，他本人终身不为吃穿发愁，遇到灾难国家会救济他，这样一来，你引导他，他就会向善，国家就会安稳。孟子的学说，从个人的修养走向了国家治理方面，比孔子说得还要透彻。孟子对孔子学说进行了继承和发扬。民生是国家之本，这一点，古往今来没有改变过。民心稳，首先是人民的生活稳，这样国家才稳。当下食品这么不安全，教育成本这么高，房价居高不下，这就是民生出了问题。改革的成就诚然很大，但民生没有解决好，改革就等于失败了。另外，还有教化问题，老百姓通过教化，自觉用道德标准，即"仁、义、礼、智、信、忠、孝"来约束自己。当前改革最大的失误就是教育，不仅仅是学校的教育，也包括整个社会教育。《论语》中记载了孔子关于教育问题的观点："子适卫，冉有仆。子曰：'庶矣哉！'冉有曰：'既庶矣，又何加焉？'曰：'富之。'曰：'既富矣，又何加焉？'曰：'教之。'"这就是"仓廪实而后知礼节"。西方有三代人才能出贵族的说法。我们改革开放三十年，暴发户如雨后春笋一般，真正的贵族却很难看见。对老百姓不能只富不教。在孔子的观念中，教化百姓是十分重要的。财富如果给了小人，财富是会带来祸乱的，给社会带来灾难；如果财富给了君子，他会给社会创造美好的秩序。所以，在中国，谁是财富的拥有者和生产者，这才是更重要的。在改革之初，我们常说拿手术刀的不如拿剃头刀的，造原子弹的不如卖茶叶蛋的。改革就是要把这种现象改掉。可是改到现在，明星都有私人飞机了，科研工作者还只有国家发的一点点工资，为什么会这样呢？第一是财富的掘取方式出了问题；第二是财富的使用方式出了问题。只说了让一部分人先富起来的话，却忘了说另一句更重要的话，就是让这部分人先高雅起来。高雅一定是教化的成果，没有道德的教化，富只能是巧取豪夺的成果。所以说，改革积累的深层次问题很多，还需要一个明晰的方法来拨乱反正。

仁政就是王道。孟子追求"从内圣开出外王"，这个"内圣"，就是"仁"，这个"外王"，就是"王道"。有一句话叫"天下归仁"，但当下的世界恰恰相反，是"天下归霸"。霸道是王道的对立面。我们可以用这套哲学体系去看美国。美国是全球化之后的胜者，对内是王道，对外是霸道。己所不欲，勿施于人，中国不会称霸，我们可以用"仁"这把钥匙，去打开中国特色的社会主义道路这扇大门。我认为，还是屈原的那句话说得好："路漫漫其修远兮，吾将上下而求索。"历史发展到某一阶段时展现出来的状态，如果站在更远大的时空来看待，可能就是错的，但在当时，你就算知道是错的，也得跟着。或许科技是缘木求鱼，全球化更是个骗局，只会让美国得到好处。但中国因为1840年以后受尽了创痛，包括我们的道德沦丧，民风失去了淳朴，这些问题都有待我们一件一件去梳理，一件一件去辨析和厘清，重新发现它的创新之道。中国历来有"道统"与"政统"之分，"政统"

处理的是国家事务，"道统"讲的是理论政治，只有两者合力，一起推动中国这辆巨大的列车前行的时候，我相信，"天下归仁"这个伟大目标，最终还是会实现的。

2014 年 5 月

在武汉大学国学院的演讲

我的忧患人生

一

今天，在这里和同学们交流，谈谈我的文学和人生。这并不是一个新颖的话题，像我这个年纪以上的中国作家，大都有自己的忧患人生。

今年的 5 月份，应中国作家协会的邀请，我参加了中国作家重走长征路的活动。在暮春的 5 月下旬，我来到江西瑞金。七十多年前，这里是中华苏维埃政府所在地，是红色革命的中心。我参观了中共中央苏维埃政府各个机关的旧址，也瞻仰了毛泽东、周恩来、朱德、张闻天等老一辈革命家的故居。我是第一次来到赣南的中央苏区，可是这里所有的景物，我都感到十分熟悉和亲切。不只是这里的郁郁葱葱的樟树林，也不只是这里的漠漠水田以及大地上蒸腾的乳白色的雾气，同我的故乡毫无二致。还有这里的民俗风情以及内敛的精神气象，与我的家乡也极为相似。我的故乡英山县，在大别山腹地，属于湖北的鄂东地区。在大革命时代，这个不足二十万人口的小县牺牲了七千名烈士。仅黄埔军校四期以前的学生，我们县就有六十多名。这些人后来大部分都成为红军的指挥员，大部分血染沙场，成为烈士。有一句格言说"英雄的归宿在战场"，所以，人们用"血染土地三尺红"来形容我的故乡。我对苏区的亲切感，来自我在童年受到的红色文化的洗礼与熏陶，也来自我对故乡前辈中那些英雄烈士的景仰。近一二十年来，由于时代兴奋点的转移，"苏区"这两个字，仿佛从很多人的记忆中删除，我不认为这是一种进步。每一个时代都有自己的英雄，每一位英雄都有自己的忧患，正是一代又一代英杰的薪火传承，我们的民族才有希望。所以，在赣州市政府举行的座谈会上，我深有感触地说："如果我早生六十年，我不可能当作家。我肯定加入红军的行列，当一名旧世界的掘墓人。我非常羡慕毛泽东、周恩来、朱德这样一批革命家，他们能在中国的大地上写下民族的史诗。"这几句话道出了我的真实感情，但一个人没有办法选择历史。我是在新中国成立后出生的人，我不可能过那种"醉里挑灯看剑，梦回吹角连营"的生活。我最终在属于我的这个时代中找到了自己的位置。这就是当一名作家，用自己的笔，来书写民族与英雄的史诗。

我在二十六岁那年，写出了我的成名作。那是一首政治抒情诗，名字叫《请举起森林一般的手，制止！》。这首诗获得了1979—1980年度全国首届新诗奖。今天重看二十多年前写的这一首诗，会觉得它诗味不浓，有的诗句太直白。总之，会挑出很多的毛病。但是在当时，它却是发自我内心的呐喊。那个时代，"四人帮"刚刚粉碎，极左的幽灵还在中国大地上游荡。那时候，在座的同学们很多都可能还没出生，所以，你们不大可能理解中国的情况。我们的人民虽然看到了希望，但还在苦难之中，大部分人的心灵都处在麻木、恐惧与焦虑之中，任何一点点过激的东西，立刻会引来一片恐惧和惊慌。不是说我们某一个人，而是我们整个民族、整个国家都像受惊的小鸟。所以，这首诗在当时发表之后，立刻在整个文坛引起了震动。那种文学的冲击波，是我们今天任何作家都想象不到的。那个时候的年轻人不追歌星，不追影星，他们追的是那些为人民鼓与呼的作家。我记得我的诗发表之后，我应邀到武大来演讲。那是我第一次在武大演讲，当时我连大学生都不是，却登上了大学的讲台。不是在教室里讲，而是在大礼堂里。听我演讲的有数千人。下午五点我的演讲完毕，到八点钟我还没有走出礼堂。外面全是密密麻麻的人，走道上也全是人，我出不去，同学们都找我签字，我手都签酸了，但心底很高兴。

那个时代是文学的盛宴，一首好诗发表，必定万人传颂，洛阳纸贵不是一句空话，而是事实。这在今天听来像是天方夜谭，可是在当时，在我的文学生涯中，的的确确发生过。最重要的不是这些文学爱好者、这些读书人对你的赞赏，而是那些农民、老百姓的支持，的确让我感受到人民的力量。因为这首诗批判极左，触动了一些当权派的利益，于是他们利用手中的权力，组织了对我的声势浩大的批判。故乡的老百姓听说我遭到批判，都纷纷表示支持我。有一次我从武汉回去，他们得知消息，便在长途汽车站等着我。数以千计的支持者在烈日下，等待一名诗人的归来，这在今天真是难以想象。欢迎我的人，不是像你们这样正值豆蔻年华的大学生，而是乡村老大爷、老太太，朴实的农民与工人，是这样一些人，组成的我的强大的"粉丝"团。我刚一下车，他们就燃放鞭炮。当天半夜有人敲我的门，我一看，是一个老大爷，他走了几十里地，送了一瓶酒给我，对我说："听说你能喝酒，我没有别的送给你，就送你一瓶酒。酒能壮胆。如果你因为这首诗，冤屈死了，我会到处去乞讨，化捐也要化出钱来，给你修一座我们县最高的坟。"有一个老太太，让她念初中的孙子，读我的诗给她听，听完了以后，她又让儿子到县城来找我，说她什么都没有，只有两只母鸡，非要送给我吃。我的诗是1980年1月发表的，2月份过春节。那时，农村生产队一过完春节就要学文件。有一个生产队长买来几张五分钱一张的大白纸，裁成十六开的小块，用复写纸垫着，让他的儿子抄录我这首诗。全村四十九户，抄四十九份，一户一份。正月初三，他就把全队的农民召集起来学这首诗。那时候，人民群众和我们的文学，是零距离。

现在，我已经在文学的长途中跋涉了几十年，每每回忆我走上文坛最初的那一幕，仍不免激动，许多场景令我终生难忘。针对当前文学不景气的局面，我要说，不是我们的人民遗弃了文学，而是我们的文学遗弃了人民。如果一个作家始终有着强烈的社会责任感，像当年从江西瑞金走出来的那一批革命家那样，永远想到最广大的老百姓，他的作品一定还会在人民大众中广为流传。我从二十多岁走上文坛，就强烈地感到这一点。记得1981年春天，我坐火车到北京去领奖，看到京广线两边的景色，我感到久违的青春回到了中国这片大地上，整个民族终于有了一种发自内心的笑声。所以我怀念那个时代，不但是文学的盛宴，也是民族生机勃勃的时代。从这里，我们可以看出文学与时代的关系。

二

一个作家理解自己所处的时代是很困难的，因为他无法站在时代之外。但是他还是能够感受时代的脉动，从中发现文学的激情。任何时候，一个作家都应该理直气壮地承担起为民族思考的责任、为社会思考的责任、为时代思考的责任。

两千多年前，我们楚国的大诗人屈原，就曾在《离骚》中咏叹"路漫漫其修远兮，吾将上下而求索"，这是一种永不懈怠的忧患精神。屈原之后，诸如李白、杜甫、苏东坡、王安石、辛弃疾、陆游、曹雪芹等伟大的作家，莫不是这种忧患精神的薪火传人。当我们阅读这些古人的作品时，我们可以问一问，究竟有多少人是用心灵来阅读的。以旁观者的身份去欣赏它，还是努力地用心灵去体验它，这是两个概念。如果我们能真正像一些伟大作家一样献身于文学，是要承担多种风险的，同时也要承担更多的责任。

因为我的那首政治抒情诗获得全国的大奖，1981年我就调到省里来当上了专业作家。20世纪80年代，作家的地位很高。但是，进入文坛后，我立刻感到文坛所有的游戏规则，不但影响我的心态，也影响我的生活方式，甚至影响我做人的准则。我总是想办法挤出更多的时间回到老百姓当中去。但是随着时间的推移，我还是很难抗拒成名之后的种种诱惑，比如说大量的约稿，比如说各种各样充满光环的聚会，比如说各种各样让一般人非常羡慕的职位，等等。所有文学之外的东西，都来诱惑你。在1985年之前，我还有一个比较清醒的认识，我始终把那十个字牢记在心中："在山泉水清，出山泉水浊。"我试图保持我对文学原始的热恋，但说起来容易，做起来真难。如果你不遵守文坛的游戏规则，别人说你孤傲；如果对一些浮华的东西你推辞拒绝，别人说你矫情。所以我说文坛的中心没有文学，至少文学的氛围已经不怎么浓了。这种现象，到今天不但没有改变，反而愈演愈烈。有的人整天忙于参加各种各样的文学会议，接待各种各样的名人，谋取各种各样的头衔。成天忙得晕头转向、身心俱疲，谋到了一官半职，当时很荣耀，可是回头一看，一地鸡毛，根本不值得一提。长时间处于这样一种生活中，一个人将会失去文学创作的感觉，这应该是作家的悲哀。

孟子说过一句话："我善养吾浩然之气。"一个作家应该同大政治家、大学者一样，善于锤炼自己的"养气"功夫。作家要想写出好的作品来，有两样不能离开，一是不能离开人民，二是不能离开自然。长期置身于人民之中、自然之中，一个作家必定能养出自己的浩然之气。昨天，我从江汉平原回来，看着车窗外的原野，虽然是萧瑟的冬天，却依然充满了生气。我不禁心情一振，对身边的人说了一句话："一个不喜欢自然的人，必定是一个精神残废的人。"可是现在，我们的一些作家远离了自然。文学的自然是由土地和人民构成的，一个作家离开了土地，离开了人民，他的精神就失去了营养，所以必定是残废的。在今天这样一个物欲横流的世界里，一个人想抗拒诱惑，保持自己文学的本真，他的勇气绝不亚于黄继光。20世纪最后一位伟大的禅师，法号虚云。这位老和尚，活到了一百二十岁。他在江西云居寺圆寂之前，说过一段话。大意是：佛教的末法时代来到了，所有的智障在每个人的心灵中产生。现代人的根器太钝，没有能力破开这些迷障。这句话对于今天的人们，具有很大的指导意义。它所蕴含的意义，早已超越了佛教。我们今天来拒绝那些物质的诱惑与感官的欢乐，需要付出巨大的努力，甚至是挣扎与撕裂。我自己的文学经历便证明了这一点。20世纪90年代之后，我有好几年的时间一个字都没写，我一直在思考我的人生应该如何发展,文学的路今后应该怎么走。其间我也下海,我下海的原因也是感觉到我没有能力摆脱文坛的种种浮躁、种种诱惑。跳出三界外,不在五行中。我必须跳出三界,所以我跳出文坛。在商海的几年,我又获得了80年代初的那种朝气蓬勃的感觉,恢复了与生活的零距离接触。这时,我再回头看我的文学圈子里的一些朋友,跟我们的时代已经越来越脱节了,他们一成不变的生活方式,已经决定了文学边缘化的不可逆转的过程。因为时代前进了,而他们却在原地踏步。

三

　　任何一个时代,任何一个领域,都有始终不渝地坚守自己理想的人。坚守是很宝贵的,我刚刚说的虚云大师,便是一个很好的例子。他当和尚的时代,已经不是中国最好的佛教的时代。他没有生在唐代,也没有生在宋代,偏偏生在一个人们不要佛教的战乱年代。他一生要付出多得多的努力,经受多得多的痛苦,才能保持一位禅师的尊严,才能实现一个出家人弘扬佛法的志愿。他用将近一个世纪的努力,最终获得举世无双的伟大禅师的地位。时代可以不需要佛教,但是虚云不能没有佛教。时代可以不需要文学,但我熊召政心中不能没有文学。这种选择,就是你要不随波逐流,你要有这种与世俗抗争的勇气和决心。

　　人们说,当局者迷。当我在文坛的时候,有很多东西我看不透,我摆脱不了文坛的游戏规则。当我完全离开了文坛,我以一个商人的身份,我从台上演戏的人,变成台下观众的时候,我终于对文坛每一个人的表演看得清清楚楚。我这才知道，我的过去，哪些是对的，哪些是错的。"悟已往之不谏，知来者之可追。"我开始用新的眼光来看待文学了。文学为什么越来越让人失望？它的读者群体，它的社会影响力，为什么越来越小？这个原因是很复杂的。既有社会的原因，也有作家自己的原因。我在商海的几年，还算成功。既没有套救生圈，也没有呛水。按常人来看，我已经是成功的商人了，可是我心中没有一天忘记我的追求。我始终想实现我的文学的理想。

1992 年，当那一篇《东方风来满眼春》，重新让国人振奋，处于休眠期的改革又重新启动的时候，我就有一种感觉：我们的改革将会有一个新的突破，这个突破将是我们国家历史的一个拐点。在这场重新启动的改革中，有哪些是值得思考的问题呢？历史中的改革究竟是螺旋式上升，还是惊人的重复？我在经商之余，就思考这些问题。思考的结果，就是我最终选择了张居正这个人物作为我思考的载体。因为张居正领导的万历新政是一场经济改革。他既是这场改革的倡导者，也是推行者。所以他既是设计师，也是工程师。万历新政的成功与夭折，聚焦到张居正这个特定人物上，其悲剧的意义非常重大。于是我就带着我对今天社会的责任感，带着我对历史的思考，开始准备写这部小说。到 1997 年的国庆节，我和我商界的朋友们在厦门度假，打高尔夫球。我们打了三天球，到收假的时候，我告诉他们，我说我今天给你们通个气，我从 1998 年 1 月 1 日起，向你们请假。他们说你干什么？我说我要回去写作。他们没有一个人相信，他们说你写什么？我说我要回去写张居正。他们说张居正是谁啊？我给他们讲了张居正的经历。他们听完后摇着头说更不能写，为什么呢？第一，张居正没有名气，连我们都不知道，老百姓更不知道。你这不是自讨苦吃吗？第二，唐浩明先生的《曾国藩》、二月河先生的《雍正王朝》，都在读者中产生了巨大的影响，你超得过他们吗？

　　他们当时这样说的时候，引发了我内心的凄凉。张居正这么优秀的一位改革家，居然连这些博士、硕士、亿万富翁都不知道。这难道是张居正错了吗？不是，是我们的时代错了。如果一个民族，这么快就遗忘了自己的先贤，而不铭记他们，这就预示着我们的改革还会夭折。我始终认为，亡国首先亡文化。有一种事实不可否认，五四运动虽然引进了西方的德先生和赛先生，在启迪新思想上功不可没，但其负面的影响是造成了传统文化的断裂。1966年开始的"文化大革命"，更是一场文化的大浩劫。不但传统文化，连"五四"以来引进的西方文化，统统被当成"封、资、修"的东西而遭到无情的批判，并最终全部毁弃。这一连串错误，导致20世纪中叶以后出生的人，特别是像我这样50年代出生的人，几乎丧失了文化的身份。既不懂得传统的"温、良、恭、俭、让"，也不懂"仁、义、礼、智、信"，更不懂西方的科学与民主、自由与博爱。文化的真空造成了群氓的出现。只有那些认为自己是从石头缝里蹦出来的人，才会无法无天，没有敬畏感，不知道什么叫尊严，什么叫感恩。我到过欧洲和美洲，亲眼看到那里的人民，几乎个个都是谦谦君子。有一次我深有感触地说，在欧洲，我看到的出租车司机，个个都像教授。在中国，我见到有些教授，粗俗得如同出租车司机。我这么说并没有贬低出租车司机，他们的工作性质，决定了他们的行为举止可以不必像教授那样优雅。但是，教授的粗俗却是不可原谅的。因为他为人师表，必须有教养，有儒雅之风。遗憾的是我们为数不少的教授没有受过传统文化的熏陶，不要说四书五经，连唐诗宋词都背不来几首，结果导致人文精神的劣质化。

改革开放这二十多年来，出现了一大批富人和名人，但他们几乎都没有受过严格的人文的训练。这样一些人进入当今中国的上流社会，便不可避免地导致了上流社会的恶俗化。既没有敬畏，也不懂感恩。梁启超曾赞扬张居正是中国古代六大政治家之一，可是我们的富人和名人，竟然有许多不知道张居正是谁，这难道正常吗？因此我在一篇创作谈中讲到，一个作家应该用他手中的笔，来帮助民族恢复记忆。我就凭着这么一股劲儿，告别了商海，回到书斋中坐我的冷板凳。我的朋友知道无法劝回我，就问了一句话："召政，写作很苦，你过惯了商人的生活，重新回到古卷青灯的书房，受得了吗？"我说，锦城虽好不如家。文学是我的家，再寂寞，再艰难，我觉得充实，因为我守住了自己的本真。

我回到小小书斋的时候，真的有一种回乡的感觉。"白日放歌须纵酒，青春作伴好还乡。"把我疲劳的人生暂停下来，把扭曲的感情恢复过来，我又重新当起了文人，这种感觉真好。但我还只是回到文学，还不是回到文坛。在写作《张居正》的那五年时间里，我几乎跟文坛没有多少交往。我歌我哭，我爱我恨，统统都从我内心迸发出来，我不用去看任何人的脸色。我不用"待晓堂前拜舅姑"，一切的掩饰都抛弃了，一切的矫揉造作都不用了，我只需要面对我的责任。

后来，这部书出来以后，能够得到那么多读者的喜爱，我想最主要的是因为我是用心灵在写作，我没有考虑任何的社会的功利因素，没有考虑文坛的潜规则。我也不去想别人会怎么看你，怎么评论你，自己能不能成功，等等，这一切我都不去想它。我觉得文学就应该是一个寂寞的劳动。

四

获奖以后，记者问我：你觉得文学的最高境界是什么？我说：就是在自己心中放一条冷板凳，每天在那条冷板凳上坐一坐，不要为功名所累，不要让世俗牵着鼻子走，这一条非常重要。在我的文学生涯中，有一种情感几乎是与生俱来的，那就是忧患。郭沫若先生在成都的杜甫草堂里面写了一副对联：世上疮痍，诗中圣哲；民间疾苦，笔底波澜。我觉得这是一个作家文学生涯的生动写照。居安思危是文学家与生俱来的品质。任何时候，一个作家可以快乐，也可以忧伤，但千万不可游戏人生。当然，也不可游戏文学。4月11日那天，第六届茅盾文学奖公布后五分钟，新浪网的记者就打电话问我：你此刻想和广大的读者说点什么？我说此刻我只想说一句话：你尊重了文学，文学就会尊重你。今年6月，在茅盾先生的故乡浙江乌镇，举行了第六届茅盾文学奖颁奖典礼。当我走上领奖台，从中国作协党组书记金炳华先生手中拿到奖牌时，我发表了一段简短的答谢词。我说了这么几句话："任何时候，我都愿意选取历史中健康的、积极的一面，来重塑我们民族的灵魂。过去，我是这样做的，今后，我将一如既往地坚持。"这是我深思熟虑后所获。因为一个作家如果仅仅简单地把忧患变成愤怒，变成一种哀怨，那么他的作品可能误导读者。

现在，伟大的民族复兴运动刚刚开始，作为一名作家，我只能用手中的笔来参与这一场伟大的变革。这里面，牵涉到一个作家的出发点，你是建设这个时代还是毁灭这个时代？你是诅咒这个时代还是改变这个时代？在这两者之间取舍，起作用的是作家的社会责任感。我觉得一个人永远不能选择时代，这个跟到菜场买菜不一样，你可以选择是买萝卜还是买白菜，但是生活的时代你没有办法选择。你说你现在要去唐代生活，你去得了吗？你说你现在要推行美国的生活方式，有这个可能吗？一个人没有办法选择自己的民族，也没有办法选择自己的时代，但是，他有权利选择在这个时代里思考的方式，在这个民族里生活、工作的方式。我通过反复的选择，最终还是愿意当一个作家。一个负责任的作家，应该同我们的政治家、企业家、科学家一道，担负起重铸民族辉煌的重任。

我在前面讲过，在江西瑞金，我看到了七十多年前的一批热血青年、仁人志士，自觉地担负起拯救国家危亡的重任。他们的历史使命完成了，留给我们的任务是振兴我们的民族。这是一项艰巨而快乐的任务，值得我们终生奋斗。既然定下了这个方向，我们就不能当一个毁灭者、自暴自弃者，而应该永远保持一种旺盛的精神、忧患的意识。我的起点是忧患，终点是文学。

附：回答听众提问

提问：我有三个问题。任何一个作家，当他的原作搬上荧屏的时候，他最关心的问题，是他的写作意图和导演的思想相左。如果《张居正》出现这样的情况，如何改动？听说为了迎合观众的收视习惯，您对《张居正》剧本做了四次大手术，删除了很多自己得意的部分，我想听您对此的看法。

熊召政：好，我一个一个来回答。首先，我的四次大手术，不是把《张居正》的文学思想和精华删去了，而是表现方式上的改变。为什么要动四次呢？第一次是我写完以后，因为是重点的历史大片，剧本要事先通过国家广电总局的审查。审查完后，他们提出了一些具体的修改意见，如牵涉到的宗教问题、少数民族问题。第二次是明史专家提出来的，他们主要是从尊重历史的角度提出应该注意的问题。第三次是导演和主要演员，他们从表演上的一些需要提出修改意见。第四次是发行人、投资商根据市场调查，认为应该做出调整的地方。这四次修改是缘于以上这些原因。幸亏这四次都是由我本人完成修改，我可以有所为有所不为。有些地方是可以改的，有些地方我可以换一种方式，比较灵活地表现出来。一个人很难说不向市场妥协，但可以做到把市场的因素融入文学的尊严中。一个作家过分地强调文化上的尊严，而不顾及观众读者的感受，这表示这个作家没有宽容，没有敬畏的一面。我们作家有三畏，畏观众、畏读者、畏市场。要找到与观众心灵沟通的渠道。我不能说我做得很好，但我会试图让观众和读者感受到，我为他们着想的一份真情。

提问：20世纪90年代后期，您弃商从文，是因为您的恩师姚雪垠"死后要留有垫后脑勺的作品"这句话吗？

熊召政：80年代的时候，我的《请举起森林一般的手，制止！》那首诗发表，赢得了一些虚名。我作为年轻人，也非常自负，自命不凡。姚雪垠老先生给我当头一记棒喝，他说："一首诗不能定乾坤，你死后有代表作垫你的后脑勺吗？那可是砖头，是垫后脑勺的。"当时，我有点不服气，说："姚老，我也会写历史小说。"他说："好啊！"我当时是一句气话，但为了这句气话，我奋斗了二十年。后来我虽然经历了许多坎坷，但这个愿望没有放弃。当年在老师面前，还有一句话我不敢说："我要超过你。"那个时候我也是"造反有理"的年轻人，满脑子"王侯将相宁有种乎"的思想。你能成为大作家，我难道不行吗？就想取而代之。实际上当我年过四十之后，一切铅华落尽、浮躁褪去后，我很为我当年的冒失而羞愧，当然也为我最终实现了这个诺言而欣慰。姚老是第一届茅盾文学奖的获得者，我是第六届，我们中间隔了四届。我获奖的时候，他已不在人世了，但他的在天之灵一定会很高兴。尽管我的人生非常曲折，充满坎坷，但我始终没有忘记我的使命。文学对有些人来讲可能是一种谋生的手段，对于我却是实现理想的方式，是我参与生活、为民族思考的一种方式。

提问：《张居正》这部作品，符合您垫后脑勺的标准吗？

熊召政：如果我今天告别了这个世界，不管我赞不赞同，也只能用它垫后脑勺了。但我还想再活几十年，还想不断地超越自己，争取有更好的作品来垫后脑勺，那样我会很高兴的。我会为这个目标继续努力。

提问：你是不是很不赞成《西游记》中孙悟空的反抗精神？

熊召政：中国的四大名著，除了《红楼梦》，其他三部在明代中叶就出现了。为什么会出《西游记》？是因为明代嘉靖皇帝信奉道教，毁灭佛教。当时皇宫里有一个寺庙，供奉了很多的舍利子，连佛骨佛牙等，有一万七千多斤。嘉靖皇帝下令拆毁皇宫里的寺庙，把里面的法器、佛骨处理掉。在北京的菜市口，架起大火烧了几天。他还下旨，全国只允许每个市县保留一座寺庙，二十多个和尚。全国数万和尚还俗。有一个叫吴承恩的读书人，当时在湖北的蕲王府中做书记，就是秘书。他迎合嘉靖皇帝的思路，写出了当时的主旋律作品《西游记》。不知同学们注意到没有，到西天取经的除了唐僧之外，竟没有一个人，猪八戒、孙猴子、沙和尚和马，哪一个是人呀？但最后它们取到经了。这是影射佛家所谓终成正果的都不是人，是畜生。这是在当时主流的社会意识形态下产生的作品。

提问：您对当代的教育有什么看法？

熊召政：中国现在是应试教育。当年孔子的"有教无类""因材施教""寓教于乐"这样一些观念，在今天，仿佛都过时了，弃之不用了。你看看学生们为了应付考试，都身心疲惫。我们的教育出现了一些问题，但现在这种教育机器正在运转的时候，要把它停下来，修正它，也不是一件很容易的事情。这种分数决定一切的方式，会扼杀人才，但大家觉得公平。这种公平，我认为它是一种形式上的公平，而不是结果上的公平。我不是教育家，很难说得透彻。

提问：您对《乔家大院》有什么看法？这部电视剧和现实有什么出入？对乔致庸、对晋商有什么评价？

熊召政：《乔家大院》的作者是我在武大作家班的同班同学朱秀海，他是一位优秀的作家。他写历史题材的作品是第一次。初显身手就一炮走红，我为老同学高兴。这部戏是歌颂晋商的，但对晋商的评价，不是一部电视剧就能给出完美的答复的。

提问：美国人有敬畏，尊重前人的习惯，近年美国人发动南斯拉夫战争、伊拉克战争，与他们所说的是不是矛盾？

熊召政：这要将一个民族的文化基因与政治集团的利益区分开来。丘吉尔说过，世界上没有永恒的朋友，只有永恒的利益。美国的政治集团考虑的是国家的利益，与文化风气不能完全等同起来。政治家和学者的首选是不一样的。学者考虑的是民族长久的忧患，而政治家更多地考虑眼前的利益。总的来说，美国文化中的敬畏、宽容与创新，是值得我们学习的。

提问：你对当代河南文化及对河南人有何看法？

熊召政：朱秀海就是河南人，我的河南籍朋友好多好多。我认为时下社会上对河南人的看法，是从玩笑开始的。河南人成了玩笑的符号，这跟河南人实际上是不一样的。某一地域上的人在某一个时段充当一个不幸的玩笑的角色，对此，我深表遗憾。

提问：我想听听你对中国传统文化和西洋文化发展趋势的看法，中国发展传统文化的同时，怎样对待西洋文化？

熊召政：这个问题刚才我已经回答了。我谈到改革佛教的问题，就是一个例子。无论是洋为中用，还是互为表里，都在探索中。一百年的时间还太短了。上一代人将文化的接力棒交到我们手里，我们还会交到你们手上，你们还会往下传。这绝对不是九斤生七斤，七斤生五斤的关系。要用我们的智慧来开启民族思考的大门，来容纳西方文化，这一过程是漫长的，而且是非常漫长的。

今天我们就交流到这里，谢谢大家！

2005 年 12 月 23 日
在武汉大学的演讲

历史观与主旋律创作

一、从文学创作看国家气象

这些年我去许多地方做过讲座，对文化、历史、政治这样的命题讲得比较多，专门谈文学的比较少。今天为什么想和大家谈一谈文学创作的主旋律这个问题呢？起因是今年夏天我受中宣部的邀请，参加全国"五个一工程"奖图书类的评审工作。全国每个省市都送来参评的图书，主要是长篇小说与长篇报告文学。"五个一工程"奖与茅盾文学奖的评选标准有些不一样。简单地说，"五个一工程"奖更注重政治导向，通常地说，就是主旋律作品。我们的作家一提主旋律作品，都比较敏感，认为都是紧跟形势的应景之作，其宣传作用大于文学。什么是主旋律呢？一般人觉得歌颂我们的执政党、歌颂我们的祖国、歌颂革命传统、歌颂改革开放的，就是主旋律。但是我读了很多作品后，发现主旋律作品可以包括上述内容，但不应该仅限于此。纵观历史，古今中外，任何一个国家在不同时代都有自己的主旋律作品。概括起来，我给主旋律作品下了一个定义，即有利于民族团结、有利于时代进步、有利于国家发展的作品。用这三个有利于去衡量，则当下十之八九的优秀文学作品，都属于主旋律。

从历史发展的眼光来看，当下的文学生态是最好的，主要体现在作家的创作自由上。但存在的问题也不少：一方面大家对流行影视作品趋之若鹜；一方面认真读书的人越来越少，读纯文学作品的人则更少。中国有一个传统，就是通过文学作品来看国家的气象。如果说对于当下的文学，我们因为各种障碍，而不能做出正确的价值判断，那么我们可以从历史中寻找典型。

盛唐的时候，我们的大诗人李白从四川老家出发，仗剑游天下，到长安后，被皇帝召去当一个待诏，相当于专业作家。有一天，唐明皇与杨贵妃在华清池游乐，让李白去写诗。李白写了《清平调》三首。开头就说"云想衣裳花想容，春风拂槛露华浓"。既美艳，又锦绣。这首诗是歌颂太平盛世的，用现在的话说，这种应制诗就是主旋律作品。李白唱颂歌，岂不是有阿附权贵的嫌疑？这么说，岂不是李白的人品有了问题？李白是不是歌颂错了呢？依我看，没歌颂错。他很准确地把握了盛唐这样一种浪漫而又锦绣的气象，以至于他的作品经久流传。比他稍晚的白居易，写了一首《长恨歌》，写的是唐明皇杨贵妃的爱情。按照今天的道德判断，他们的爱情是乱伦，按理说不值得歌颂。但是白居易在这首诗里面，写出了一个君王缠绵悱恻的爱情。用今天很多文人的观点来看，白居易写作的价值取向不足取，怎么能往一个乱伦的君王脸上贴金呢？但是我们仍会被白居易高超的艺术感所吸引。无论是写杨贵妃的美艳"回眸一笑百媚生，六宫粉黛无颜色"，还是写他们如胶似漆的爱情"在天愿作比翼鸟，在地愿为连理枝"，还是写杨贵妃去世后唐明皇对她的怀念"迟迟钟鼓初长夜，耿耿星河欲曙天"，都生动传神，引人怀想。白居易这首诗的价值取向符合人类情感生活的基本追求，是典型的化腐朽为神奇，这是它脍炙人口的原因。同样是唐明皇与杨贵妃，李白写出了《清平调》，白居易写出了《长恨歌》。一般人有一种心态，凡是歌颂帝王的，都有趋炎附势之嫌。但是，历代的评论家与读者，都没有把这顶帽子戴到李白与白居易头上。这是因为，他们的作品不仅写出了帝王的富贵锦绣、凄婉爱情，也间接地反映了当时那个时代的锦绣富贵与纯真爱情，反映了唐代男欢女爱的明媚与生动。

再举第二个例子。北宋初年，整个朝野上下，无论是达官贵人还是村夫野老，他们心中都向往英雄，他们觉得英雄是个很高尚的追求。北宋从太宗到神宗，一百多年，文学作品的主题一直是英雄。苏东坡的《念奴娇·赤壁怀古》"大江东去，浪淘尽，千古风流人物"与毛泽东的《沁园春·雪》"惜秦皇汉武，略输文采；唐宗宋祖，稍逊风骚"如出一辙。苏东坡这首词，让我们听到了那个时代最强的文学的声音。

大家知道，北宋的版图是历代王朝中最小的。东北与西北，分别被辽和西夏所占有，国土分裂啊。这样我们的作家必然唱出"浪淘尽，千古风流人物"，必然要呼唤英雄，呼唤杨家将这样的英雄。苏东坡作为一个时代的文学代表，他没有直接描写战争，但是他知道国家的忧患，他将个人的思考建立在国家命运之上。苏东坡以后的时代，文学变成了什么样呢？公元1127年北宋灭亡。在此前几年，另外一首词超过了苏东坡的《念奴娇·赤壁怀古》，而引起国人的争相传唱，那就是李清照的《声声慢》。整首词充满了哀伤，充满了幽怨。通过这首词，我们看到国家的气象走向了衰败。李清照没错，但时代选择她作为文学的代表就错了。那样柔弱与哀怨的声音，那样冷冷清清的浅斟低唱，怎么能代表国家呢？我们常说时代最强音，但我们听到的却是时代的最弱音。这种文学价值的转换，预示了国家的悲剧。当所有的英雄谢幕，小人就会登台。文人笔下没有英雄了，政治舞台上就会有很多小人，比如高俅、童贯与秦桧。英雄和小人是天生的矛盾体，文学作品往往能反映出政治的生态。一个作家离不开自己的时代。有的作家的声音是时代的声音，有的作家的声音是个人的声音。为时代发声的一定是主旋律作家。为自己发声的作家，也可以是一个优秀的作家、被世人称颂的作家，如李后主"梦里不知身是客，一晌贪欢""两行清泪对宫娥"等诗句，也是时代的写照，从富贵的极致走到屈辱的极致。但这一类作家不应成为某一时代文学的代表。因为一个生机勃勃的国家，感情一定不能太纤细，要健康明朗。

二、每一个时代都有自己的主旋律

最近上映的美国大片《2012》，里面有三个地方展现了美国的价值观：第一，美国总统面对自己的人民，他在灭顶之灾来临前选择留下；第二，在危亡的时候拯救人类和灾难的，一定是普通人，而这个普通人毫无疑问是救世的英雄；第三，美国现在的忧患，是整个人类的忧患，它已经超越了民族与国家这个层面，进入更高层次。这部影片虽然是一个娱乐片，但宣扬了美国精神。事实上，美国好莱坞大片一直在锲而不舍地宣传美国精神。我们的娱乐影视剧，像《还珠格格》，像最近上映的《三枪拍案惊奇》，宣扬的是什么呢？打情骂俏与帝王崇拜，庸俗与恶搞，这里头哪能看到一点中国精神？我们总是说作家体现社会的良知，那么良知在现在这些娱乐片中得到了体现吗？在商业化大潮与信仰危机的双重夹击下，我们的文学艺术，一方面热热闹闹，一方面冷冷清清。像前几年超女选拔，李宇春一夜成名。这件事让我联想起北宋灭亡前京城的局势。金兵入侵开封之后，北方的贵族大量南逃。有一个贵族逃到杭州后，很感慨地做了一个总结，其中有这么几句话："垂髫之童，但习鼓舞。斑白之老，不识干戈。"这是说当时的开封城里，少男少女都崇拜歌星，开封成了全世界最奢靡的嘉年华，徽宗就是总导演。宫廷养了那么多画家，待遇比将军还要高。民间的孩子都不愿意当兵，而愿意学习歌舞和艺术。几年以后，六万大金兵，从东北出发长驱直入突破黄河，开封没有组织什么抵抗就沦陷了。那么多出色的歌唱家、舞蹈家和画家，没有一个能把国家救下来，一夜之间都当了亡国奴。所以，当超女风靡天下的时候，我想到了北宋的悲剧。难道历史的悲剧还要重演吗？出一个李宇春这样的超女很正常，也值得鼓励，但由此而让千千万万的青少年去仿效，这就有点问题了。难道我们的文艺政策的制定者不晓得历史的教训吗？国家过早地进入娱乐社会，一定是不祥之兆。我们为什么不能多一点忧患？不要让那些过分娱乐的作品误导我们的青少年。所以说，我们要提倡文学艺术的主旋律，要多出一些激励人奋发向上、引导人保持忧患的好作品。如果失去了这种主旋律，时代就会走上邪道，一旦走上了邪道，国家的命运就会改变。

文学作品应该异彩纷呈、百花齐放，但不能让时代观、价值观出现偏差。这是文艺政策制定者的职责。我们的文艺政策的制定者，一定要有历史的宏阔的眼光。一个作家也应该有这个眼光，要自觉地承担起这个时代的文化建设的任务。我们当然不能用这个标准去要求所有的作家，但总还是应该有一些作家、艺术家来承担这个责任。

三、艺术的真实与时代精神之间的关系

文学作品中有一个现象值得研究：有的作品从艺术角度看，是真实的，但并没有正确地反映时代精神；有的作品时代精神是强烈的，但在艺术上却得不到生动的表现。所以，一个作家在写作时，必然要考虑艺术真实与时代精神两者之间的关系。

我访问印度时，看过一部电影《阿育王》。阿育王是一位统一了印度的非常有作为的君主，他当政的时间比秦统一中国还早一点点。阿育王统一印度之后，就皈依了佛教。这部电影就是围绕他的故事而创作拍摄的。电影画面很美，歌舞很美，故事很曲折，阿育王的爱情也很动人。王妃是一个酋长的女儿，很漂亮。他们由仇人变成情人。看过之后，我说我很喜欢，令人心荡神驰。可是一位印度作家却对我说："《阿育王》就是拍给你们外国人看的，我们对它是不满意的。它没有遵循历史，是按照好莱坞模式套的，王妃也不是这样卖弄风骚的。"这位作家的激烈态度令我吃惊，引起了我对历史题材文学作品的思考。我们的一些影视作品，外国人叫好，中国人却不买账，甚至是骂声一片。可是，为什么美国的大片，美国人说好，全世界的观众也很欣赏呢？同美国大片相比，我们过分强调生活的真实，而没有通过艺术的真实来宣扬普世的价值观。普世的价值观有永恒的一面，也

有与时俱进的一面。作家能够准确地把握其分寸就可以说是把握了时代精神。文学作品不可自恋，更不能偏执。什么作品有普世价值？艺术真实的落脚点在什么位置？这个没有公式，永远没有公式，只能是仁者见仁，智者见智。我在写作与阅读中悟出一些道理，一个作家的阅历与修养达不到某种高度，几乎不可能让自己的作品达到艺术真实与时代精神的统一。像《高老头》与《欧也妮·葛朗台》，巴尔扎克的写作动机很简单，就是写世界上最好的父亲和最坏的父亲，这是出版商给巴尔扎克出的命题作文。但巴尔扎克丰富的阅历与高超的创作才华，让这两个简单的命题得到了升华，让我们从中看到了他所处时代的画卷。所以说，我们坚持主旋律写作，不是为具体的政策写作，为政治任务写作，而是为自己的时代写作，为忧患而写作。一个作家对文学不要有太多功利目的，好的作品都是坐在冷板凳上写出来的。作家最好的位置就是冷板凳。但心肠不能冷，心肠一冷，就会万念俱灰，就会与世浮沉，这样就不能将作品写得闪闪发光，写得很灿烂。

第三辑

巴蜀的巫风，吴越的歌谣，
虽然也让人向往远古的风流，
但毕竟我们只能从楚辞与屈原
的诗歌当中，看到当时南方充
溢的魔幻与想象。

楚人的文化精神

一

很高兴今天能够来到这座讲堂，与同学们做一次交流。在中国九百六十万平方公里的土地上，如果还有那么几块土地，能够生长我们的民族智慧之树和人文精神之花的话，那么我脚下的这块土地，就是我们的未名湖畔——北大校园，应该属于最肥沃的一块了。因此，来到这里和同学们交流，对我来讲是一种幸运。在这里，我可以感受到很多过往的文化大师的呼吸，看到他们的学术剪影，他们给了我很多温馨的人文回忆与怀念。今天，我在这里没有能力像大师们那样跟你们进行正宗的学术探讨，我只能浮光掠影地说一些我对楚文化的认识与思考。

我曾对朋友们讲过，我们的高考应该出这样一道题目，什么题目呢？就是：为什么我们的民族叫"中华民族"？为什么我们的国家叫"中国"？这两个题目里面蕴含着我们这个民族文化的地域流向。中华的最初定义是黄河流域的中部。有一个说法：山西和陕西交界的地方有两座山，一座是中条山，还有一座是华山，这两座山连在一起被称为中华。姑存此说。由此也可见，中华民族最早发源地是在黄河流域。伟大的黄河，那是一条流淌着东方人文的河流。在我少年的时候，我曾坐在羊皮筏上渡过黄河。面对黄河壮丽的落日，我当时不知道这条河流有多么伟大，只是觉得它很年轻，很有气势，它的波涛像橘红色的晚霞一样吸引我、亲近我。后来，当我知道我们"中华"就是在这里产生的时候，我对它表示了敬畏和亲近。

中国文化的发源可以追溯到五千多年前，但是向世界散发出迷人光彩却是在春秋战国时期，特别是公元前6世纪到公元前5世纪之间，以及稍后的战国时期，一大批文化巨匠涌现在中国大地上，例如老子、孔子、庄子、墨子、荀子、孟子、韩非子等等，被我们统称为先秦诸子百家。"春秋"一词不仅仅指一个时代，亦是一个哲学命题，这种哲学观念渗透在《易经》之中。"春"为阳之中，"秋"为阴之中。阴阳平衡的状态，就是"中"的状态。这个"中"，就是和谐，就是吉祥。我们的祖国以"中"命名，说明我们这一片土地，以及生活在这片土地上的中华民族，从一开始就是热爱和平的，追求和谐的生活之美的。所以说，"中国"这个国家的名字蕴涵了很深的东方哲学意味。

中华文化虽然诞生于黄河流域，但到了春秋战国时期，它开始向南方的长江流域拓展。我们的先民，当他们逐水而居，慢慢由黄河流域向南方发展的时候，长江就成为中华文化继黄河之后的另外一个源头。黄河与长江，都是我们民族的母亲河。两大地域文化，呈现了中华文化的雄奇瑰丽，它们的美丽的姿态，就是龙凤呈祥。长江流域文化最具有代表性的，最早向我们的文明世界发出灿烂光芒的，就是我今天要讲的"楚文化"。与它先后出现的还有巴蜀文化、吴越文化。

但相比之下，春秋时代的楚文化最为大气，最为辽阔。巴蜀的巫风，吴越的歌谣，虽然也让人向往远古的风流，但毕竟我们只能从楚辞与屈原的诗歌当中看到当时南方充溢的魔幻与想象。

二

关于长江文化的特征，我曾说过，万里长江如果按区域划分的话，大致可分为三个文化形态：第一个是巴蜀文化，第二个是荆楚文化，第三个是吴越文化。巴蜀文化展现的是诡异和瑰丽，荆楚文化展现的是辽阔和大气，而吴越文化展现的则是秀美和精细。这三种文化风格不同，各有特色。将其对应于人才来表达，就是巴蜀出鬼才，荆楚出天才，吴越出人才。我这么说，并无意于对这三种人才的表现方式做优劣的比较，只是按照人才的类型和特征进行分类。

中国地形的大致走向决定了区域文化的走向。中国的高山大都在西部，它们一直向东绵延下来，或许中间有大山突起，但是总体的海拔趋势是渐趋平缓的。因此四川有众多的奇山异水，有众多像九寨沟那么美丽的风光。地灵必定人杰，所以它才滋养出了李白、苏东坡、郭沫若那样一些想象奇异的伟大的文学家，还有我们的小平同志这样伟大的政治家。按我们现在来说，他们都是不按常规出牌的伟人，"得地气之先"嘛。《易经》六十四卦之首乾卦，所对应的方位是西，对应的五行是金，对应的颜色是白色。大家知道，中国有很多美丽的雪山都在西部，它们都是白色的。我前段时间刚去了有"蜀山之王"之称的贡嘎雪山，海拔将近八千米，站在雪山之下，我感到耀眼的白色是一种去伪存真的礼赞。在这片充满神奇的土地上，产出的人才大都充满了诡气。这叫"山水钟灵秀"。

当长江流到三峡，切开夔门流入湖北的时候，这条大动脉便产生了变化。杜甫写过这样的诗句："众水会涪万，瞿塘争一门。"当所有的水，千军万马一般咆哮着冲出窄小的夔门，突然感到天地是如此宽阔。这片宽阔的土地就是莺飞草长的江汉平原，就是孕育了灿烂文化的荆楚大地。

古时的楚国，从今天的地理看来，中心是在湖北。湖北是楚文化的发源地和核心。当年楚国的疆域，就是今天的中部地区。中部六省，除山西之外都是楚国的，包括河南、安徽、湖北、湖南、江西和江苏徐州的一部分。楚国当时地处中原，历来是兵家必争之地。特定的环境，导致这一区域产出的人才都有一种非常硬朗强健的风格，所以说荆楚出天才。天才是不可复制的，天才更是不按照游戏规则出牌的。像我写过的明代万历首辅张居正，像我们的开国领袖毛泽东，都是这一类天才。毛泽东年轻的时候，以诗明志："自信人生二百年，会当水击三千里"，真是同学少年，神采飞扬。若干年后，他又写道："俱往矣，数风流人物，还看今朝"，"粪土当年万户侯"。这就是他的诗句，雄健的诗句，天才的诗句。他给自己定位：要做一番前无古人的事业。共产党人的事业的确是前无古人的。这就是楚文化刚烈到极致的表现。

我们再说说吴越。当长江流过巴蜀与荆楚之后，那些刻在滟滪堆上、刻在荆江大堤上的噩梦般的记忆，一进入江苏之后，都化作了桨声灯影。中国南方的母亲河在她的下游如此柔顺，两岸的土地都变得那么温和，那么充满诗意。所以说吴越尽得东南地利，很少有天灾。在历史上，它一直是中国的膏腴之地，真正的鱼米之乡。正由于这样，这片土地上的人很少为生计犯愁，财富蓄积得多，生活必然精致，人也会变得优雅。所以，吴越地区自唐宋之后，一直到今天，总是人才辈出。这里的人才大都是治世之才，精于理财、治国。天才和鬼才不可复制，但人才却是可以培养的。在吴越这种纸醉金迷之地，历史上也产生了不少温婉的故事，比如"梁祝"这样凄婉的爱情。爱情在不同的地域有不同的表达方式，在吴越这片土地上，爱情的表现形式就是像"梁祝"那样生死相依，在巴蜀的表现就是卓文君的大胆私奔。这就是一方水土养一方人，一方文化有一方的表现形式。

以上三种文化风雷激荡，交相辉映，一起构成了长江文化的灿烂。这种灿烂既是历史的，也是现实的。作为长江文化最重要的组成部分，我们的楚文化，最早的发源地就是在荆江这一段。长江冲出夔门流入武汉之前的这一段，俗称荆江。荆江是因荆山而得名。荆山就是楚国的发祥地。春秋早期，楚国是一个很小很小的侯国，它封闭在荒山野岭之中，就是今天神农架下的鄂西北这一带，叫荆山山脉。楚国八百年的根基，就是从荆山开始的，后人称它为"筚路蓝缕，以启山林"。当时只有数千人的一个小小的部落，在荆山上生息繁衍。他们披着兽皮，穿着极为简陋的衣服，制作粗劣的陶器，谁会想到他们最后会创造出如此灿烂的文化呢？

我刚才看到，大厅里安放着一只安阳市政府赠送的大鼎，是复制的春秋早期的作品，这是黄河流域文化的杰作。前不久，我在湖北随州还看到了曾侯乙墓中出土的那些精美的青铜器，其制造技术远远超过黄河流域。我不由得赞叹，伟大的楚国先民，经过几百年的奋斗，终于从一个落后卑微的部落发展壮大成为中原霸主，成为唯一能够与秦文化抗争的南方文化的代表。这是真正的"中部崛起"啊！它征服过吴越，击败过巴蜀，但杀伐并不是目的，楚人的最可贵之处就是把每一个地方的文化都保留下来，兼收并蓄，博采众长。这是一种开放的文化心态。当一个部落或民族知识层次比较低，而又有一种急于扩张和壮大自己的雄心时，那么这个部落、这个民族的希望只能存在于"网罗天下之才尽为己用"，这种宽广的胸襟，在楚人最早的文化里体现得淋漓尽致。

湖北省博物馆藏有一尊精美的青铜器——鹿角立鹤，荆州博物馆藏有一尊精美的漆木器——虎座鸟架鼓。前者是一只修长的立鹤，却长着一双吉祥的鹿角；后者是卧虎上站着两只鸟，形成一只圆弧的鼓架。可以说，此二者都是楚国艺术的代表作。楚人可以把山中之王——虎，和空中飞翔之灵——鸟，以优美的线条构图，愉悦地结合在一起。这种变形艺术，在今天看来好像很平常，可最早这样做的人，一定是一个伟大的艺术家。

楚文化在这样的发展与融合的过程中，变得非常艺术和非常贵族气，这种"贵族气"会把他们的生活变得非常优雅，非常精致。但是，在用战争来给历史定义的时代，优雅的贵族往往不堪一击。所以，楚人的鹿角立鹤无法抵挡秦国的金戈铁马，最终产生了灭国的悲剧。楚国因为发展文化而灿烂，也因为发展艺术而最终丧失了英雄的称号。所以说，当我们的生活用战争来定义的时候，成熟的楚文化没有显示出它的伟大；当我们的生活以和谐与发展来定义的时候，远古的楚文化的优势便会明显体现。因为它不是一个战争的文化，而是一个艺术的文化，是一个把生活的快乐发挥到极致，把艺术发挥到一个灵性高度的文化。

三

这种文化特点作用于"人"，便构成了楚人的精神气象。在这里我要讲三个人，他们身上集中体现了楚文化的特点。第一个人是卞和。这位楚国早期的贤人，在荆山上发现一块玉，他自信这是天下最好的一块玉，因此决定把这块玉献给楚王。可是楚王不相信他，他因此被斩断了双脚。但是，不管经历多少难以想象的痛苦，不管经受多少坎坷和折磨，卞和也决不改变自己的信念，坚信自己手上有一块举世无双的玉。

第二个人是春秋晚期的伍子胥。伍子胥的家族是楚国的贵族，一连三代，都是楚国身份显赫的大臣。伍子胥的父亲和哥哥，因为反对楚平王纳自己的儿媳为王后，都被楚平王杀掉。伍家被杀三百余口，几乎被灭门。伍子胥只身逃出昭关时，对暗中帮助他脱离险情的好朋友申包胥说："我从此以后的志向，就是消灭楚国。"申包胥回答："如果你灭了楚国，我将重新振兴楚国。"十六年以后，伍子胥带着吴国的大军，把楚国的都城郢都，也就是今天的荆州夷为平地，实现了他复仇的理想。之后，申包胥带着他苦苦求来的秦国救兵重新恢复了楚国。我们常常说一诺千金，但真正做到这一点很难。伍子胥和申包胥两人都做到了，他们都是君子，都是英雄，都是贵族。他们两个人的理想截然不同，甚至是对立的，但这并不妨碍他们成为惺惺相惜的好朋友。我认为这一点尤其难得，这是春秋战国时期贵族政治的特点。政治家们都为理想而生，为理想而死，一旦说到就必须做到，这是何等健康的人生啊！

第三个人是战国时的屈原，他对他的祖国充满了深切的感情。最后他看到楚国覆亡，便义愤地投江而死，表现了"宁为玉碎，不为瓦全"的士大夫精神。

以上这三个人基本上把楚人性格表现得淋漓尽致。从他们身上，我们看到一种什么样的气质呢？强悍，刚毅，不屈不挠，决不拿自己的原则来做交易。他们既不像巴蜀人那样悠闲、怡然自得，也没有吴越人那么谦谦君子。楚国的地理形势决定了楚人的文化品格。刚才我说了，整个中部地区从来都是逐鹿之地，几乎所有的政权更迭都是在这片土地上发生的。中原逐鹿，已成了争夺天下的代名词。楚地长期饱受战争的蹂躏，这片土地上的人们便丧失了他们强盛时期的优雅，更多地以强悍来表现和定义自己的区域文化了。历朝历代，这片土地英雄辈出，但它缺少一些温婉，缺少一些圆融。

那一年我去鸡足山拜佛，在金顶上，一个和尚对我说："夜观云气，中原大地的大乘气象很稀薄。"佛教分大乘和小乘，小乘讲究自修，大乘讲求普度众生。中国佛教属于大乘。我问老和尚，哪儿有大乘气象？他说："西北，在西北的雪山上，有修行的与世隔绝的高人。"佛教讲的大乘气象，其精神表现就是一种圆融，一种谦和。而我们中部更多表现出来的是刚烈。中国的西部，在很偏僻的深山里都可以看到很精致的寺庙。我到了巴蜀，见到那儿每一个寺庙的香火都很旺。

这种情况在吴越地区也很普遍。今年5月,我去了浙江宁波的天童寺,感到那儿的晨钟暮鼓依旧敲得像千年前一样响。尽管那里现代化的节奏非常快,可是它依然保留了一些传统的美好的东西,让自己与俗世保持一些距离,保有一块心灵的净土。中部地区以湖北为代表,就不可能那么优雅。你很难想象陆游,这位生在绍兴的浙江人,纵然身历战难,依然保持着诗人的童真。他在过四川剑门关的时候,写下"细雨骑驴入剑门",这诗句多么飘逸啊!面对"一夫当关,万夫莫开"的雄关景象,他依然想到以一个诗人的方式表达自己的情感,在潇潇的春雨中,不是骑一匹战马,而是骑一头小驴子经过剑门关。可是诞生在中部地区的诗人,都没有这么从容不迫,这么潇洒飘逸。李白在湖北安陆住了十年,史称"酒隐安陆,蹉跎十年"。他受到楚人的感染,发出的歌声是"我本楚狂人,凤歌笑孔丘"。大概李白是想,我既生活在湖北,就要像湖北人一样敢于藐视孔子。这位诗仙,一点都没有"细雨骑驴入剑门"的优雅,有的是天风海雨似的呼啸。因此从这个角度讲,楚文化鲜明的地域性,虽不具备排他性,但也很难为其他文化所融合。

四

刚才我说的那三个古代的楚人,反映出楚文化发展到中期的特点,第一个是执着。那年,我同我的一个商人朋友讲,我现在准备写历史小说《张居正》。他问我:你准备花多长时间?我说:十年。他听了就跳起来说:十年?你生命中有几个十年?你自己也是经商的,你算算你的机会成本，算算成本有多高，你写小说成功与否是一个未知数，十年是一个已定的时间。你花十年去赌博，去做一件不知道会不会成功的事，值得吗？我当时回答他说：我是一个有"故乡"的人。他说：谁没有故乡啊。我说：不，你没有故乡，你的生活之舟在汪洋大海上漂，漂到哪是哪。而我最终的"故乡"是文学，虽然我一次又一次地离开它，但我会一次又一次地回来。中间不管我去了哪里，最终我都会回来。其实当时我还有一句话没说出来，我这么做是因为我是一个湖北人，我身上有楚人鲜明的特点。伍子胥用十七年时间完成复仇，他成功了；卞和献玉，他不知道他的玉是否会被世人承认并因此变成了终生残疾，最后他也成功了；屈原不愿接受灭国的现实而投江，他写过"虽九死其犹未悔""路漫漫其修远兮，吾将上下而求索"这样的诗句。楚人的这一份执着，薪火传承，一代又一代。这种血液，这种生命的印记，是无法改变的。它流到我这一代楚人的身上，成为我的基因，我的动力。今天，我的书得到了大家的肯定，但是当时我决定拿出十年时间写这本书的时候，在我看是执着，在别人看是冒险。我在写作《张居正》的过程中，没有任何功利的心理影响我。我非常敬仰屈原。他在投江自杀前有这样一段故事。一个渔夫劝他：你为什么一定要按你的生活方式生活呢？你应该迁就世俗，接受命运给你的安排。但是屈原不接受，他拒绝把自己的理想与生命进行交换。这就是活得有原则，活得有理想。这个理想和原则，就是来源于执着。

楚人的第二个特点，担当。担当天下事，慨然以天下为己任，这是楚人精神的另外一个特点。毛泽东曾经非常浪漫主义地说"遍地英雄下夕烟"，在他的眼中，他所见到的人都是英雄。这种心胸可了不得。我看了明人写的一部札记，记载这样一则故事：燕王朱棣住在北京的时候，一直很想从他的侄儿手上抢走皇位，可是他犹豫不决。这时候，他请来一个相面大师袁珙。袁珙到了北京后，很惊讶怎么街上的贩夫走卒都有英雄气概，都有王侯之相。袁珙见到朱棣之后，围着燕王转了三圈说：殿下天生龙种，长髯过脐，日后必得天下。三年后，四十四岁的朱棣当了明代第三个皇帝。北京城里的贩夫走卒因为都跟随他参加"靖难之役"，从北京打到南京，所以都成了功臣。论功行赏，有的当了诸侯，有的当了将军，果然应了袁珙的判断。那一年，我到红安县采风，这个县是有名的将军县，出了两百多名将军。离开时，县里领导一定要我写一点东西，仓促之下，我写了一首诗："我爱红安五月花，杜鹃如血血如霞。如何二百屠龙将，尽出寻常百姓家。"为什么那么多农民出身的孩子，最终都成了共和国的将军呢？这就是楚人的担当精神的表现，一旦改朝换代，楚人的担当精神就会迸发，成为一股摧枯拉朽的伟大力量。但是这个担当精神是要付出代价的，像我说的伍子胥。在那个时代实现理想还比较容易，因为那个时候，中国还没出现那么多的权谋。所以我说春秋时代的政治是一种贵族政治，伍子胥身上有着英雄加贵族的气质。两千年之后，轮到张居正来挽救明代国运，那是一个遍地小人的时代。当一个英雄要展开他富国强兵的愿望，想实现他书生的梦想，他就不得不面对那么多的小人和陷阱。所以，张居正在上任之初，说过一段话："虽万箭攒体，不足畏也。"意思是我现在当了首辅，为了富国强兵的理想，哪怕前面都是陷阱，哪怕所有的乱箭射穿我的身体，也绝不后悔。李清照写了一首诗："生当作人杰，死亦为鬼雄。"我非常奇怪，这么一个柔弱的女子，怎么能写出这样荡气回肠的诗句呢？而真正做到"生当作人杰，死亦为鬼雄"的就是伍子胥、屈原、张居正这样一些英雄人物。

楚人精神的第三个特点就是富有艺术性。小时候听人说"钟鸣鼎食之家"，我就感到很奇怪，"钟鸣鼎食"是什么意思？后来随州出土了曾侯乙编钟才知道，钟鸣是古代最好的交响乐，是在家人吃饭时敲响的。把生活极度艺术化，这是楚国人割舍不下的一种享受。但这里面特别要澄清的一个事情是：让国家沉浸在艺术氛围中是一件好事，但是，如果政治家以艺术手法和方式来管理国事，那恐怕就是一种谬误，就会出问题。中国历史上有两个很有艺术气质的皇帝，一个是南唐李后主，一个是宋徽宗，最后两个人都成了亡国之君。李后主所有的才情，换得的是"最是仓皇辞庙日，两行清泪对宫娥"这样一种结局。所以，这里讲的，政治的艺术和艺术的政治是两回事。政治的艺术有一种特定的艺术思维，给政治注入想象力。这是楚人出身的政治家的一大特点。怎么理解这句话呢？张居正，当时在处理蒙古边境的问题时，他面对的现实情况是：自从明代开国以来两百多年，汉人和蒙古人的战争，从来都没有停止过。问题在于，蒙古人需要汉人的茶，汉人需要蒙古人的马。可是双方都不给予对方交易的便利，每年只有很小一部分的官方交易，就是"茶马交易"。在明朝方面，这个制度是祖宗定下来的，不可与异族通商。大家知道，在中国，凡事一涉及制度问题，就很难突破，哪怕明明这制度已不符合时代的需要，也不能更易，这就是国家停滞不前的原因之一。张居正上任以后，制定了一个政策，就是在蒙古人聚集的地方，设立多个贸易点，最大的一个贸易点叫板升。就像小平同志设立深圳特区一样，张居正在汉、蒙之间设立了一个板升城，这是一个很大胆的设想，是突破祖制的壮举。当时也有很多大臣以"违背祖制"而极力反对，但张居正顶住压力，把这件事办成了。此举不仅一劳永逸地解决了汉、蒙两族之间的战争，而且让边境地区的居民从此安居乐业。这个特区就是今天内蒙古自治区首府所在地——呼和浩特。因为政治家的一项决策，塞外的茫茫荒原上诞生了一座城市，这就叫政治的想象力。不以常规处置国政，不以教条治理国家，而是用一种变通、崭新的思维来处理问题，这就是政治的艺术。这种艺术促进了国家的进步，是人民的福祉。

五

我们任何一个人在创造自己的事业时，不管是政治家、文学家，还是企业家，都面临着多种选择，但是有一个是你没有办法选择的，那就是时代。你说我要当伟大的诗人，但我必须回到唐朝去，这可能吗？马克思说：我们不能选择历史，但是历史选择了我们。我们不能选定时代来创造我们的事业，但是我们可以给这个时代注入新的定义，重新演绎我们生活的方式。世界上少有一种动物像老虎这么凶猛，像飞鸟这么灵动，楚国人把它们结合在一起，这就是一种想象。体现在艺术上就是变形，体现在政治上就是变通。有人讲，如果我生活在唐代，我会和李白是好朋友，在宋代会和苏东坡成为很好的朋友。我说，这是不可能的，历史不给你这种假设。历史只给你今天，只看你能否做今天的李白，今天的苏东坡。你不要去做历史的猜想者，你要积极而健康地处理你今天要做的每一件事情、要写的每一部作品。

自古以来，所有的政治家都把自己的国家当作一个作品来不停地修改，古今中外都一样。一代一代的政治家把中国改来改去，到现在，我们的"中国"有多少个版本？汉代称"大汉雄风"，唐代称"盛唐气象"，明清的版本，一直到今天我们中国的版本。你说哪一个版本是最好的版本呢？我们可以回头看过去，却很难定义要仿效哪一个版本来作为我们的选择。因此，今天的作家都有责任，把中国的不同版本生动地展现给大家看；而政治家的任务尤其重大，就是要从历史中开掘精神资源，来领导人民完成民族复兴的伟大事业。这个过程是艺术的过程，是筛选的过程，是创新的过程，既有理性也有激情。我们楚文化，在历史上曾经绽放出灿烂的光芒。但是我刚刚说过，当用战争定义我们的生活时，这个文化，立刻就像"鸡蛋碰石头"一样，不堪一击。为什么我们的楚人那么强悍，而我们的文化又表现出它的脆弱性呢？我想这就是文化的两端。

在今天的改革开放中，再不是"遍地英雄下夕烟"了，社会根据自己的需求，变成了"遍地商人下夕烟"。去年，有一位领导问我：你认为我们的楚文化在新的时代下，对"中部崛起"是具有帮助作用还是起到制约作用？我当时笑了笑，回答说："摇钱树"从来不可能长在疾风暴雨的环境中，也不可能长在贫瘠的土地上。如果我们要提高经济发展水平，那么我们就要增加更多的包容性，而稍稍减一点我们的刚毅。这片土地上曾经诞生过一个口号，影响很大，是农民起义领袖陈胜提出来的："王侯将相宁有种乎？"这就是西方所说的：不想当元帅的士兵不是好士兵。这个口号为培养天才而提出是可以的，但作为建设中的团队精神就有所欠缺。我们湖北有一种奇怪的动物——"九头鸟"，每个人都想当一个头，就是大家都想当领导，这样就缺乏一种和谐，缺乏团队精神。一鸟九头不好啊！在治世，就会政出多门，就会扯皮拉筋窝里斗。所以我说楚文化融入当今的时代，第一个要做到多一点包容，第二个是要减少一点个人主义色彩，就是说把天才的心态减一点。一片土地的风调雨顺，首先是每个人心理上的风调雨顺。到了这种"天人合一"的状态，"摇钱树"才有可能在这片土地上长成参天大树。一个伟大的国家，绝不可能是经济上的巨人，文化上的侏儒。当和谐不是一种愿望，而是一种现实时，我们的土地上还会产生老子和孔子，还会产生屈原这样一些文化巨匠和伟大的诗人。当前的中国，它提供的整个社会空间比过去的任何一个时代——不管是财富聚集的时代，还是群雄聚集的时代——都要大得多，我们的文化视野也变得阔大辽远。我坚信，当今之世，一流的政治家、一流的文学家都会出现，一流的企业家和商人也会应运而生。

最后一个问题，不断有人问我："楚文化可以改造吗？"我的回答是可以的。当然，这个改造不是像动手术那样的改造，没有那么简单。文化的改造无异于基因的改造，过程是非常艰难的，不是一代人可以实现的。每一个人都要从自己做起，从每一件小事做起。当我们大家都变成谦谦君子的时候，春秋时期贵族政治的气候就会回来，我们的这片文化土壤上就会生长繁茂的奇花异草，那么楚文化再一次兴盛将指日可待。当然，我们的兴盛并不是对历史文化进行毫无选择的继承，而是重建我们的文化长城。"但使龙城飞将在，不教胡马度阴山"，要使"胡马"不度"阴山"，除了"飞将"之外，还要有我们的"长城"，我们新一代的文化长城没有建立，我们就不知道我们"故乡"的区域有多大，就不知道我们祖国的文化有多么宽阔。

我的演讲到此结束，谢谢大家！

2006 年 11 月 24 日

在北京大学的演讲

紫禁城与皇家文化

"故宫"这两个字在中国的文化中很有分量。

郑欣淼院长提出了"故宫学"这样一个思路，冯骥才先生也从他的研究方向上将其条理化。我个人认为，一门学科的建立应该具备一些基本的条件。我将这些条件归纳为四个方面：第一，它是丰富的，又是独特的；第二，它有自己的主干，同时又是多元的；第三，它有自己发生的源流，也有发展的脉络；第四，在所有的文化中它是不可替代的，这是最重要的一点。用这四点衡量，建立"故宫学"的条件都够了。昨天晚上，我和故宫的学者们在一起也聊过这个话题。故宫在我的心中，既是肃穆的，也是灿烂的；既是庄严的，也是冷酷的。它是中国古代文化中最丰富，也最神秘的一部分。我因为写作《张居正》这部长篇历史小说，所以对故宫，也就是历史中的紫禁城开始了一些肤浅的研究。

我第一次来故宫是上世纪80年代初，第二次是1985年，我带着我的老母亲来的。我们参观了太和殿，我对母亲说太和殿就是金銮殿，是以前皇帝上朝的地方，老太太的两腿就站不住了，就要下跪。她觉得这个地方太神圣了。这反映了民间老百姓对皇宫的感情，也就是敬畏感。有了这种敬畏感，如果你是一个学者，你就知道有所为有所不为；如果你是老百姓，你就不会觉得老子天下第一。然而，这样一种感情，几十年来在我们的学者中已经退居次要位置了。对我们民族过往的历史要么是虚无化，要么是批判，这样一种现象影响了好几代读书人。当然，我并不是一个国粹至上者，对传统文化中的糟粕我也主张批判，但我们泼脏水时，总不能把盆里的孩子一起泼掉。

当一个民族的主体文化开始受到破坏的时候，再来批判它，那是一种毁灭性的打击。今天，温文尔雅的传统文化离我们越来越远，年轻人对它越来越感到陌生。产生这种局面，固然有多方面的原因，但敬畏感没有在我们的一些学者中保有足够的分量，也是重要原因之一。

我认为，故宫的主流文化就是皇家文化。关于皇家文化的定义，刚才阎崇年先生已经说得很透。皇家文化的构成，必然是这个民族、这个国家最精粹的部分的集中。北京定都，乃是因为东北的少数民族的崛起，所以皇家文化在北京的发展和确立，间接受益于东北少数民族的崛起。

历史有它的大流程，在中国，皇家文化发展最盛的是两个城市，一个北京，一个西安。如果把整个中国比作一个太极图，那么，北京和西安就是这个太极图中阴阳鱼的眼睛。东北与西北，在中国八卦中都属于吉地。这两块吉地，成就了北京和西安。北京成为国都，当然也有一些契机。永乐皇帝，即当年的燕王朱棣被分封到这个地方来的时候，这个地方已经有四百多年不归属于中原文化（从五代十国一直到明代建立之前）了。燕云十六州一直归契丹人建立的辽国，后来又归于女真人建立的大金国。其间，北京曾是辽国的南京、金国的首都。

由于国家的分裂，中原人对燕云地区已经有些陌生了。朱元璋分封儿子的时候，把他最能干的第四个儿子朱棣封到北京为燕王。朱棣和建文帝叔侄间的恩怨，不是我今天要说的话题。但是，朱棣即便打到南京夺取皇位以后，也不敢贸然宣布迁都，只是把北京当作行在，让他的儿子在南京监国，而他一直都有迁都的打算，所以他当了皇帝以后，就一直没有停止在北京的建设。他用了十五年的时间建设北京。永乐十九年（1421），朱棣正式迁都，北京便成了名副其实的首都，而南京则降为留都。

迁都的第二年早春，北京新宫中的宫殿遭雷击起火，烧得墙坍壁倒。在明代，这是很严重的上天示警的信号。这是什么原因呢？朱棣看不明白，便赶紧去问在京官员，搜集意见。其意是看看皇帝有什么错误，引起老天爷把新的宫殿烧了一角下来。当时有一个叫萧仪的官员，他说老天爷示警就是因为你把首都从南京迁到了北京，把大明社稷的龙脉撂在了江南。尽管永乐皇帝非常想征求意见，可是这条意见上来就让他雷霆大怒，几乎没有进行任何审判，就把萧仪抓起来杀掉了。他为什么要这么快杀这个人？因为他花了十五年的心血想办法把都城从南京搬到北京，一年的时间内，反对的声音就一直没有压住。为什么压不住呢？因为反对迁都的人也有一个强大的后台，这个后台就是太子朱高炽，即后来的仁宗。朱棣这么快杀掉萧仪，就是杀给他儿子看的。杀完了以后，依然有不少官员为萧仪喊冤叫屈，觉得就为这么点事把人杀了，太过残酷。朱棣知道迁都的争论还没完，还有人想借此说事，于是想了一个奇招儿，下一道圣旨，让迁都的赞成派与反对派都到午门广场上辩论。

那天是清明，天气阴冷，下着雨，所有反对迁都的官员都跪在午门右边，赞成迁都的人也没有受到善待，跪在另一边。朱棣说你们两派都跪在这里给我辩论，到底该不该迁都，一天没有辩完辩两天，两天辩不完辩三天，一直要辩出结果来。辩了两天半，官员们都跪不住了，就不辩了。朱棣就是用这种非常强势甚至是蛮横的方式来处理迁都的争论的。但是，在这件事情之后三个月他就死了。他最不愿意把皇位传给他的太子，他觉得太子有三个方面让他不放心。第一，太子不会骑马，太胖了，缺乏英雄气概。为此他经常修理太子。有一次，他上天寿山视察陵寝，故意整太子，他说我们都不骑马，也不坐轿，往上走。太子太胖，根本走不动。朱棣说走不上去也要走，两个太监搀着太子，几乎是朝上爬。朱棣不喜欢他的儿子柔弱，认为没有英雄气的人，过于文质彬彬，不足以君临天下，这是第一个不满意的方面。第二，太子对江南的眷恋令他不满意。太子长期在南京监国，对"南朝四百八十寺，多少楼台烟雨中"的江南产生了心理依附。作为普通人，这种依附是可以的；作为一国之君，这种依附则是一个危险的倾向。第三，朱棣常年征战，五次打东北、打蒙古，进行了很多场战争，太子负责物资供应。由于军费开支太大，太子常常无法筹措。朱棣不考虑国家财政的困难，觉得是儿子的能力问题。但是，朱棣非常喜欢太子的儿子，就是他的太孙。他的太孙在北京长大，一口京片子，一点南方腔都没有。针对这个情况，同情太子的大臣说，为了保全太子，就说这个皇太孙是万年天子，如果废掉太子，太孙就当不上皇帝了。朱棣果然为了保住太孙的继承权，最终没有废掉太子。

太子登基后，就是明朝的第四个皇帝仁宗，他刚一登基，立即就成立了一个迁都办公室，决定把都城从北京迁回南京。这个迁都办公室的工作如火如荼开展时，仁宗就病死了，他只当了十个月的皇帝。他的儿子，即明代的第五位皇帝宣宗。宣宗登基后做的第一件事就是撤销迁都办公室。因为他是在北京长大的，一到南方就长疮，水土不服。所以我说北京的命运，是由历史的某种机缘决定的。有了首都才有了紫禁城，有了紫禁城才有了皇家文化。如果北京不是首都，皇家文化就不会植根于北京。所以说，北京的幸运也带来了皇家文化在这里的兴盛。

阁崇年先生提出一个问题：为什么中国自秦以后的历史，前一千年是东西摇摆，后一千年是南北摇摆？这的确是一个很有趣的问题。东西摇摆的时候，西安就成了轴心；南北摇摆的时候，北京就成了轴心。东西摇摆的时候，是游牧文化占中华文化的主导地位；而南北摇摆的时候，则是农耕文化成为国家文化的主流。在农耕文化的形态中，以北京为立足点，东北与塞外的游牧民族越过北京，就无法找到草场；南方人从这里往北走，不但无法耕种，而且水土不服。所以，北京正好是游牧与农耕的接合部。真正在北京建都的第一个人是大金国第四个皇帝完颜亮。他当时主张把大金国的首都从哈尔滨近郊的阿城迁到北京，遭到的反对比朱棣迁都时还要大得多。完颜亮一把火烧毁了金上京的所有宫殿，还把大金国开国皇帝完颜阿骨打、太宗完颜吴乞买两人的尸骨挖出来，抬到北京来埋在了房山。所以北京的建都历史，应该从完颜亮开始。此后忽必烈在这里建立元大都，又统治了一个多世纪。契丹人、女真人、蒙古人对北京都做出了贡献。所以说，紫禁城文化是多民族融合的文化，它和南京皇宫的不一样。南京皇宫的风俗和北京皇宫的风俗差异特别大。南京的皇家文化是单一的汉族文化，而北京故宫的皇家文化是多民族文化融合的复合型文化。我觉得皇家文化是我们故宫学的主干文化。像我们说的陶瓷、书法、绘画、家具、建筑、珠宝等等，每一个方面都像一片叶子、一朵花，必须有一棵树它才会灿烂，才会丰富，否则就像碎片一样。

每次我走进故宫，总喜欢研讨一些问题。有一次我带了一张明代紫禁城的地图，进去做了一个对照，很多都对不上了。清代对紫禁城进行了多次改造。明朝时期，第一个引进江南文化到北京的就是燕王朱棣。在那之前，江南的文化在北京没有地位，大量引进江南文化就是从明朝永乐年间开始的。我们如果不是从物质层面，而单从政治层面来看明代或清代的皇宫文化，就会闻到一股很浓的血腥味。这个紫禁城里的每一处建筑，在明清时期都发生过震撼历史的事件。就说午门吧，在明代，它是皇帝接受献俘、廷杖大臣与举办鳌山灯会的地方。廷杖，是皇帝处罚大臣的一个方式，它既是刑罚，也是侮辱。明朝有不少大臣在午门广场上遭受过廷杖。最大的一次是武宗时，三百多官员一起挨板子。明朝的皇帝侮辱人成瘾。朱元璋天生多疑的性格，传给了后世的皇帝，一个个都猜忌、多疑、刻薄，因此发明的处罚官员的刑具，便兼有折磨与侮辱两大功能。所以，我们研究皇家文化，既要研究物质的一面，也要研究非物质的一面；既要研究美的，值得继承和发展的，也要研究恶的，须要批判和警惕的。

因此，故宫学如果要真正地建立起来，就应该组织专门力量分门别类地进行研究，研究故宫学实际上就是研究中华民族封建时代的主流文化。

很有幸在紫禁城学会举办的第一次高峰文化论坛上发表讲话。今天只是浮光掠影地说了一点关于故宫皇家文化的感想。我希望紫禁城的传统文化论坛能够经常举行。在下次的论坛中，组织者事先准备一些题目，参加者可以就这些题目发表一些自己的研究和看法。

谢谢大家！

2007 年 10 月 26 日

在故宫博物院的演讲

鄂东人文高地的历史脉络

黄冈市的领导请我来给大家讲一讲鄂东的人文历史，这是一个有趣的题目，因此我就答应了下来。今天，我就自己对鄂东人文历史的关注与思考，向在座的诸位做一个汇报。

十多年前，我到浙江绍兴参加"兰亭国际书法节"，当时绍兴市委书记在开幕式上说了一句话："我们绍兴是一个'人文高地'，历代在这片土地上，英才辈出，'中华世纪坛'选出了四十位对中华文化有大贡献的杰出人物，我们绍兴独占三位，再加上一位浙江籍的，一共四位，占了将近十分之一，在全国唯此一家。"在晚宴敬酒的时候，我说："书记，我想纠正一句话，在'中华世纪坛'上，还有一个地方，跟绍兴一样占有三位，再加上一位湖北籍的，一共四位。"他问："那是哪儿？"我说："是我的老家湖北黄冈，黄冈的三位是毕昇、李时珍、李四光，再加上宜昌的屈原，我们也是占十分之一。"他说："哎呀，对不起，对不起，我罚酒。"我经常因为这件事情而感到自豪。湖南的湘潭、浙江的绍兴、湖北的黄冈、四川的乐山，确实是中国近代史上的四个"人才高发区"，而黄冈和绍兴尤其引人注目。

我从故乡来，应知故乡事。鄂东的人文高地和人文精神的形成，其历史脉络非常清楚。我把它划分为三个阶段：第一个阶段是中唐到北宋，这是鄂东人文精神的培植期；第二个阶段是南宋至晚明，这是鄂东人文精神的发育期；第三个阶段是晚清汉口开埠以来，这一个半世纪是鄂东人文精神的爆发期。

一

第一个阶段，即中唐到北宋，是鄂东人文精神的培植期。在这将近四百年的时间里，有三位人物不得不提：杜牧、王禹偁、苏东坡。

杜牧在公元803年出生，852年去世，活了四十九岁。这个人用今天的话来说，是"太子党"出身。他的爷爷先后当过唐代德宗、顺宗、宪宗三朝的宰相。因此，他从小在蜜罐里长大，身上的名士气很足。但他是在一生最不得志的时候来到黄冈的，大约四十岁时。在这之前，他有一段非常辉煌的个人风流史，就是他在扬州的淮南节度使牛僧孺手下当书记。唐代的书记和现在的书记不一样，相当于一个"秘书长"吧。那时杜牧三十岁左右，在扬州过得非常潇洒。当官员要讲究自律，但扬州那个地方是中国第一等繁华之地，有"腰缠十万贯，骑鹤下扬州"之说。杜牧每天晚上和歌姬们喝花酒，彻夜不归，当然也不耽误白天上班、处理公文。有一天，牛僧孺升职要走，把杜牧找来说：你很有才华和能力，但是你的生活作风要检点一下。杜牧回答说：我非常检点，我每天下了班就回家。牛僧孺笑了一下，拿出一个盒子，说：这个盒子应该还给你。杜牧打开一看，原来里面全是他的行踪报告，是他每天晚上出去喝花酒时，牛僧孺派人暗地里保护他的真实记录。比如某大晚上，杜牧到了哪一个妓院，和哪一个歌姬在一起，等等。看到满满一盒子报告记录，杜牧傻眼了！牛僧孺之所以要把这一盒子跟踪报告原封不动地归还给杜牧，是提醒这位才子诗人要约束自己的行为，他怕后任不能像他那样保护杜牧，所以才以这种方式劝诫。正因为如此，杜牧一辈子对牛僧孺感激涕零。事后，杜牧很有感慨地写了一首诗："落魄江湖载酒行，楚腰纤细掌中轻。十年一觉扬州梦，赢得青楼薄幸名。"他这是对自己行为的深刻反省。

武宗会昌二年（842），杜牧来到黄州当刺史。当时的黄州非常落后，没有扬州那样繁华，没有那么多的青楼红馆和酒肆茶楼供他丰富的夜生活。他初来乍到很不适应，写了一首诗《忆齐安郡》记录他初到黄州的生活："平生睡足处，云梦泽南州。一夜风欺竹，连江雨送秋。格卑常泪泪，力学强悠悠。终掉尘中手，潇湘钓漫流。"这和他写的"青山隐隐水迢迢，秋尽江南草未凋。二十四桥明月夜，玉人何处教吹箫"完全不一样，扬州那个地方是彻夜笙歌。可是黄州这里没有夜生活，他一生的觉都是在黄州睡的。因为没有别的可干，晚上只能睡觉，只能听着风把房外的竹子吹得哗哗响。竹子成了黄州的一个标志。今天在遗爱湖的生态修复工程中有"大洲竹影"一景，就是对竹影黄州的恢复。王禹偁、苏东坡和杜牧在诗中都写到黄州古城的竹子，"一夜风欺竹，连江雨送秋"。当时黄州城外就是长江，但是现在改道了。所以说，那时的黄州不是一个人文高地，也不是美丽的古城，而是有点偏僻和落后的。

杜牧在黄州写了三十多首诗。他在这里很少能够像在扬州时那样风流倜傥，郁闷的时候偏多。他的祖父杜佑是历史学家，所以杜牧从小受了家里的影响，喜欢历史，喜欢对天下山川做评判，又喜欢军事。他的《罪言》，针对藩镇割据、国家分裂的情况，上书皇帝力主削藩，恢复国家统一。这篇文章深得当时的宰相李德裕的欣赏，说他是个有大才的人，但这些才华在黄州用不上。因此，在苦闷之中，他写了《赤壁》。这首诗是继李白之后，更加明确地说明赤壁之战就是在这里发生的。杜牧在诗中直接点明赤壁之战就是发生在这里，"东风不与周郎便，铜雀春深锁二乔"。估计当时是有人在赤壁的江水里捞鱼，结果捞到了赤壁之战时所用的兵器，所以有"折戟沉沙铁未销"之句，他根据这个推断，黄州就是赤壁之战的发生地。

还有就是杜牧写的著名的"杏花村"这首诗。鄂东麻城的歧亭，应该是杜牧写"杏花村"真正的地方。原因有三：一是在公元842年的春节，他接到赴黄州担任刺史的任职调令。过完元宵节，他从洛阳东都出发，坐运河上的船，到了光州（现在叫光山）界，从淮阴运河的古码头上岸，开始从光黄古道，经麻城，到黄州来上任，他到达黄州的时间是阴历四月二十一日。清明节那天，他刚好走到了麻城歧亭。当时飘着潇潇冷雨，歧亭那里正好有一个驿站，所以他写："清明时节雨纷纷，路上行人欲断魂。借问酒家何处有？牧童遥指杏花村。"麻城的歧亭在北纬32°，从北纬27°到北纬32°这一片区域，是长江中下游的亚热带，北纬32°过去是温带，低于北纬23°就是热带。只有在这样一个纬度之下的清明节，才有杏花开放，不是这个纬度，在这个季节是没有杏花的。我对杜牧上任黄州刺史的日期和地点做了一点考证和分析后，才认为他写诗的地点应该就在这里。这首诗，也是他对鄂东人文的贡献。

历史上关于三国时的赤壁之战到底是不是发生在黄州有很多争论。长江湖北境内有五处赤壁，蒲圻赤壁也有很多典实，佐证那里是大战发生地，这是不争的事实。可是好几位大文豪、大诗人都赞颂过黄冈的赤壁。如果没有杜牧的《赤壁》、苏东坡的《念奴娇·赤壁怀古》《前赤壁赋》《后赤壁赋》，黄冈赤壁的知名度不会有现在这么高。但最重要者，人们忽略李白，而承认杜牧，这是因为杜牧的家世和他在这里住了三年的经历。重要的是他在诗中说到"折戟沉沙"，举证人们挖出了当时的兵器。所以，从某种意义上说，杜牧对黄州的文化起到了启蒙的作用。

"平生睡足处，云梦泽南州。"因为受到杜牧这首诗的影响，在他之后的王禹偁来到黄州当刺史后，特意在衙门里建了一个"睡足堂"。明代的罗贯中，在隆中为诸葛亮写了一首诗："大梦谁先觉？平生我自知。草堂春睡足，窗外日迟迟。"这也是受了杜牧诗的影响。杜牧的诗在黄州地方文学和风物上起到的作用，功不可没。公元844年杜牧离开黄州，852年他就去世了，年仅四十九岁。杜牧离开黄州一百五十四年后，即北宋咸平元年（998），王禹偁来到黄州担任刺史，当时他四十四岁，是朝廷的翰林学士、知制诰，即专门给皇帝起草文章的"大秘"。由于修编《太祖实录》，他得罪了皇帝，被贬到黄州当刺史。他一来到这里，依然感到黄州很落后。咸平二年（999），他写了《黄冈竹楼记》，记叙了他被贬黄州后的生活。过去的城墙上可以修很多老屋，这个竹楼就是在黄冈古城西北角的城墙上建的。黄冈当时不像荆州那么发达，很早就有青砖的房子，它的主要建筑材料是竹子。这篇文章，就描述了他在竹楼里的生活是多么惬意，他在这里可以游戏、吟诗、弹琴，穿着鹤氅衣（用鸟羽制的披风），戴着道士所戴的头巾，很悠闲。来黄州后，他给皇帝写了一封信，说：我不敢奢望能够重新回到京城，重新见到皇上，一睹天颜。皇帝看后动了恻隐之心，说王禹偁被贬了这么长时间，还是让他回来吧。可是传说此时，黄州出了一件大事：两只老虎进了黄州城，吃人，打架。这在今天是不可思议的事情，在古代碰到这种事情，一定要八百里加急第一时间告诉皇上。皇上一听出了这种大事，便问：这是什么兆头啊？星象大师赶紧去卜卦，说黄州这个地方有凶气、煞气，这里的官员暂时都不能升官，否则会把这种煞气带到京城里来。于是，一位文弱的书生，因为两只老虎进了城，便连回京城的机会都没有了。咸平四年（1001），朝廷让他到蕲州当刺史，结果他还没到任就去世了，年仅四十八岁，只留下一篇《黄冈竹楼记》和一个"睡足堂"给了后人。今天来看，杜牧和王禹偁都是英年早逝。当时黄冈当地的人都说：在黄州当官的人都短命。历史上就有这么多奇怪的事情。

第三位来黄州的大名人就是苏东坡。元丰三年（1080）二月，苏东坡来黄州报到（比杜牧晚二百三十八年）。苏东坡和杜牧来上任时走的路一样，也是由运河水路，经麻城，到黄州。苏东坡反对王安石变法，他们可谓是政敌。但他们同时又是惺惺相惜的两个大文豪。他离开黄州后，在南京见到了王安石，王安石送他走时感叹道：人间不知要过几百年才能出这样一位人物啊！苏东坡在世时，他的几位前辈都是如此赏识他。他二十二岁进入官场，到四十四岁一直平步青云，却由于"乌台诗案"遭受到前所未有的打击，被贬到了黄州。历史上，左震、杜牧、王禹偁都是对黄州文化建树有所贡献的集大成者。而苏东坡与黄州的相遇，既是历史给了黄州的一个大机缘，也是黄州给了苏东坡的一个大机缘。他与黄州相得益彰，正像辛弃疾在《贺新郎》这首词中写的，"我见青山多妩媚，料青山见我应如是"。

苏东坡初到黄州饭都吃不饱，没有热水洗澡，生活很艰苦。安国寺的住持继连和尚说：你每个月到我这儿来几次，我给你烧水洗澡。公元1080年（距今九百多年前）的黄州是"长江绕郭知鱼美，好竹连山觉笋香"，鱼和竹笋都是很生态的食物，但这里烹饪的水平与京城及杭州的饮食是没法比的，所以，苏东坡的生活落差很大。他是在锦绣中长大的。他最初中举时是在北宋的首都汴京，即今天的开封，又先后调任杭州、密州、徐州、湖州等地，这些都是非常富庶的地方，而一到黄州来，面临这种穷困潦倒的生活，他非常难受。在安国寺反省期间，苏东坡与当地的潘大临等几个土著文人交往，对当地这些文人影响很大，并通过这些文人影响着当地的文化。这样调整了两年，在公元1082年夏天，苏东坡才写出了流传千古的《前赤壁赋》，"壬戌之秋，七月既望，苏子与客泛舟，游于赤壁之下……"这时他的心态比较超然。这里的"壬戌年"很巧，正是宋徽宗赵佶的诞辰。宋徽宗在苏东坡写《前赤壁赋》的时候还没有出生，他是该年阴历九月出生的，而苏东坡写《后赤壁赋》时，宋徽宗将满月。苏东坡于公元1101年去世，此时宋徽宗十九岁，刚刚登基一年，他在位二十五年，后于1126年被俘，成了亡国之君。他当俘虏受尽折磨，于五十四岁时去世。

苏东坡与杜牧两人的时代相隔了两个多世纪，在这段漫长的时间里，黄州的文化由杜牧、王禹偁及苏东坡这几位名人所引领，逐渐起到了示范效应，并慢慢地培育和渗透，最终发展到后来的锦绣文章。

这三位名人有一些共同特点。第一，他们都是贬官。杜牧虽不是贬官，但他是在一生最不得志、怀才不遇的时候来到黄州的，很容易和当地的老百姓及土著知识分子打成一片。如果是仕途很顺的人，是没有时间和心思跟这些草根知识分子来往的，所以当时他们的心态决定了他们的行动，他们对当地的文化建设起到了很大的作用。第二，他们来黄州时，都已步入中年。他们全部是四十岁以后到黄州来的，这个阶段是人在一生中完成价值观、人生观和历史观转变的关键时期，最容易让人产生忧患意识，也容易让人产生创新的爆发力，创作出一生中最为经典的作品。事实证明，杜牧一生中的代表作是在扬州和黄州写成的，王禹偁所达到的散文最高峰便是《黄冈竹楼记》，苏东坡更不用说，一首词、两篇赋、一篇《寒食帖》的书法，创造出了他在黄州的四个文学高峰。在中国的文化史上，贬官对于推动中国文化建设所做的贡献，黄州并不是个案，最典型的还有惠州（今广东）和儋州（今海南），这几个地方的文化发展都是由贬官推动的，并深刻地影响了当地的士人和草根阶层。第三，他们被贬前已是闻名的大文人。他们来到被贬地时备受关注，在当时是叫"生活"，走了之后，叫作历史和传说。这三人中，文人气最重的是王禹偁，他是宋朝建立前出生的，生性谨慎。而杜牧和苏东坡各是唐宋建立后出生的，他们对朝代没有对比，名士气非常浓，名士气的特点就是不拘小节，什么都不在乎，但是才华横溢，很容易表现，这种人对文化特别有吸附力。杜牧在这方面表现尤为突出，他什么都不在乎，因为他是宰相的孙子，父亲也是大官；他什么都不怕，因为他见过的事情太多了。这样离经叛道、不按常规出牌的名士气，特别容易为当地的文化人所接受和喜欢，也很容易改变一个地方的风气。所以说，唐宋时期是鄂东人文精神的培植期。

二

明清之际是鄂东人文精神的发育期。在明代中叶，中国的思想界有一个长约一个世纪的活跃期，这个活跃期来自王阳明的"心学"。王阳明的"心学"是在南宋陆九渊的基础上往前推进的。正德、嘉靖间，中国的讲学之风非常盛行。这个时期的鄂东，跟我说的中唐和北宋时的鄂东不一样，中唐和北宋时的鄂东是外来人在引领这个地方，到了明清，则是鄂东"自主品牌"的文化人和外来人交相激荡，从而形成了文化大观。鄂东从明代嘉靖年间开始有了一个后劲十足的爬坡，嘉靖皇帝是从湖北安陆州（即钟祥）到北京当官的，他出生在湖北，对湖北人文的推动力较大。在嘉靖当皇帝之前，中国有两个"直辖市"，首都是北京的顺天府，陪都是南京的应天府。嘉靖十九岁当了皇帝，他的胆子很大，二十五岁时做了一件事：在湖北钟祥成立了第三个"直辖市"——承天府。这对当时整个湖北的发展提供了一次很大的机遇，鄂东也是在这次机遇中得到了很好的发展机会。当时黄冈出了一个道士，叫陶仲文，曾任黄梅县吏，嘉靖年间升任辽东库大使。但是陶仲文是黄冈的一个另类，没有陶仲文，李时珍的御医是当不成的。相传陶仲文在陕西终南山学道，"种"出了一棵有九十九片叶子的灵芝。那实际是嫁接的，是假的。但他造得很像，随后献给嘉靖皇帝，说他在终南山上找到一棵万年灵芝，"九九至尊"才能享用。嘉靖皇帝就很高兴，经过一番谈话，嘉靖皇帝感觉他很有本事，于是把他留下来继续深谈。别看陶仲文一口黄冈话，他却有本事让嘉靖皇帝见了他一次就信任他，还把他调到身边，给他安排了一个小官职。嘉靖皇帝好道术，陶仲文就专门给他讲道术，帮他炼丹，因此深得世宗信任，先加封为少保、礼部尚书，又加少傅，最后官居一品。陶仲文是湖北人，在明代的武宗、世宗、穆宗、神宗四朝，官当得最大的两个人之一，另一个人是张居正，他们都是一品。当时很多想当官的人都要走陶仲文的路了，因为世宗皇帝信任他。李时珍是湖北蕲春人，与陶仲文是老乡，陶仲文就提了他一把，所以说他还是有点儿家乡观念的。就因为出了他这样一个人，朝廷对黄冈就有很大的照顾和提携，包括张居正，那时想要"安全"，也得跟他搞好关系。但是张居正心里是很厌恶这些旁门左道的，他认为左道惑众，当官后杀了一大批这类人，陶仲文在张居正当首辅前已死掉，但他的劣迹秽行还是遭到了批判，乃至后来黄冈人都不提他。但总的来说，陶仲文对黄冈是有贡献作用的，他依靠嘉靖皇帝，为黄冈做了些有益的事情，如捐资建黄州城外三台河桥、在北京修建黄冈会馆等。

到了隆庆时期，张居正掌权了。嘉靖皇帝死之前两年，张居正在湖北乃至中国政坛的影响力已经远远超过了陶仲文。世宗皇帝的遗诏就是他起草的。借这份遗诏，大量的冤假错案得到平反，世宗皇帝都闭眼睛了，哪有什么遗诏？没有，那是张居正写出来的。海瑞一案就是他建议当时的首辅徐阶平反的。那么，张居正对黄冈有什么贡献呢？大家都知道红安的三耿：耿定向、耿定理、耿定力。耿定向就是张居正一手栽培的，在改革初年，万历时期，张居正就提拔耿定向为福建巡抚，让他到福建实行"一条鞭法"，丈量土地，所以耿定向就成了当时黄冈籍里官当得最大的。第二个被张居正重用的是麻城人梅国桢，这一点使得张居正一直为人所诟病，说他重用老乡。还有后来当了礼部尚书的方从哲、宜昌的王篆等，这些人都是大九卿。但是耿定向由于晚一辈没有进入第一核心，第一核心基本都是张居正的同学。耿定向进入了第二核心圈，随后就被调到了福建。他的弟弟耿定理一辈子没有当官，仅仅是个秀才。耿定力是隆庆五年（1571）的进士，隆庆五年的主考官就是张居正。红安那时还不是一个县，耿定向于嘉靖三十五年（1556）考中进士后，又当了几年的小官，通过各种关系给嘉靖皇帝写信，说要在湖北多设一个县，直到嘉靖四十二年（1563）朝廷才批准，准予建县，初名新安，旋改黄安，县治设于原麻城县姜家畈。这是在嘉靖皇帝手上完成的，所以红安要感谢耿定向，这个县的建制是由他推动的。

张居正在朝的时候，全中国都在讲学，张居正的前任高拱、老师徐阶都喜欢讲学。耿定向在当时受这个风气的影响，建立了"天台书院"，也讲学。张居正在万历八年（1580）一次性把全国的私学扫除，他这是搞舆论大一统。因为讲学的地方很容易误导老百姓的思想，让改革增加难度。鄂东的麻城因为天台书院成了湖北讲学的一个重要地方，耿定向在福建当官，而麻城就有福建人李贽开坛讲课的龙潭书院。李贽一辈子就是个举人，没考中进士，在礼部工作，一天到晚跟人搞不好关系，所有人都觉得这个人不太好打交道，喜欢认死理。他是做学问的人，但上面故意折磨他，让他担任礼部司务，负责勾销、收发公文。张居正当礼部尚书时就认识这个"疯子",当首辅后,他认为这个"疯子"人品还不错,心地是坦率的,民意测验没有他,不是说明他有多坏,而是他不善于"拉选票",张居正决定用用他。于是委任他当姚安知府,相当于今天的云南大理白族自治州州长。当时很多人捏了把汗,说他不具备这个能力,怎么能当地方长官。张居正说让他试试。李贽到任后,接触到实际问题,果然就烦了。据说,他后来在衙门里留下了个负责管理官印的人处理公文,自己却跑到鸡足山庙里参禅去了。按照张居正的"考成法",李贽是要被撤官的,张居正虽然没有说,但李贽却自己提出辞官。

耿定向深知张居正的态度,要保护李贽,就建议李贽到红安讲学。所以大家只知道李贽到红安,却不知道他是在什么样的情况下去的。李贽是张居正在官场树立的另外一个形象。他后来并没有在官场上发展,因为按照张居正严厉的做事风格,如果给他定个渎职罪会让他下不来台。万历十二年(1584),此时张居正已去世两年,没有了张居正这个后台,耿定向跟李贽翻脸了。但他的二弟耿定理跟李贽关系非常好,两人的学问相通。由于此时张居正正在被清算,耿定向作为朝廷的大官,认为自己不清算李贽一把,就脱不了干系,于是就把李贽赶走了。俗话说"请神容易送神难",文人也不能太得罪,他手上有一支笔,到今天李贽留下来的著作中多篇文章都是在骂耿定向。大学教授们在研究时说耿定向很官僚,有很多问题,其依据就是因为李贽骂了他。

李贽离开已经单独建县的红安,到了麻城。他初到麻城没有地方住,最终在离麻城县城三十里地的芝佛院找了个安身之地。李贽在麻城讲学,在鄂东、湖北乃至全国的影响都非常大。因为李贽是一个指标性的人物，是16世纪继王阳明之后中国文化界的思想领袖，而这个思想领袖就住在麻城。当时的"公安三袁"是大文豪，他们分别到麻城来看他，并拜他为师。类似的很多全国这种指标性的人物都纷纷到麻城来看他。这样一来，以鄂东麻城为中心的理学、心学的研究被推上了一个高峰。如果说在唐宋时期，鄂东人文精神的培养主要在文学方面，那么明清时自从李贽来了之后，这里的整个人文精神便开始侧重在哲学上了。这样的风气一直延续到民国，鄂东一直是中国的思想库。就这一点来说，李贽和耿氏三兄弟功不可没。李贽的几部主要著作《焚书》《续焚书》《藏书》《续藏书》，全部是在麻城整理出来的，就像苏东坡最重要的作品是在黄州写出来的一样，特别是继王阳明的"知行合一"学说之后，他提出的"童心说"，对当时中国的思想界产生了极大的冲击力。他说，人之初是婴儿，心之初是童心，童心的核心观点就是一切都是本体，都是透明的，一个人只有保持童心说真话，才能保持良心，绝不相信一个假话连篇的人能够做大事，能够为天地立心，为生民立命。这是李贽针对当时官场假话连篇、虚伪横行于世这一现象的犀利批判。"童心说"今天读来依然令人感到振聋发聩。在这个阶段，整个鄂东的讲学逐步从文学转到哲学，开始由客家文化转化为本土文化与客家文化的互动。

三

第三个阶段为鸦片战争以来特别是汉口开埠之后的一个半世纪，是鄂东人文精神的爆发期，这一时期的鄂东文化对中国文化思想界影响很大。黄冈的人才经历了一千多年的积蓄与发展，终于像火山喷发一样，大量的人才一下子都展现出来，这一点非常不容易。而这一个半世纪，既是中国除旧布新、脱胎换骨、历史运程的大转移时期，也是黄冈人安邦济世、知行天下的灿烂季节。我认为，文化应该像生命一样，要慢慢生长，长得越慢，最后的爆发就越猛。黄冈的文化生长了一千多年，最后才爆发出来，产生了威力。

这一时期的人才，我想讲讲从李贽的哲学繁衍到鄂东成为思想宝库的这几个人。中国的文人很多，但能够承担为国家思考的任务与责任的文人却很少。鄂东的哲学基础源远流长，初唐、盛唐时期产生的黄梅禅宗四祖、五祖、六祖，可以说中国佛教本土化是在鄂东黄梅这块土地上完成的。佛教那么多经典，唯有《六祖坛经》是中国的。这是中国佛教对世界文化的巨大贡献。"黄梅天下禅"这一说法，在佛教界是得到公认的。因为本文侧重讲儒学传承，故在黄梅禅这一题目上不做展开。

儒学的传承从孔孟的哲学到董仲舒，然后到北宋的"二程"、南宋的朱熹，这一路走过来叫儒学的正统，接着从南宋的陆九渊到明代的湛若水、王阳明，然后到民国时期新儒家的两位领头人梁漱溟和熊十力，以及到20世纪下半叶的现当代新儒家学者。以儒学为基础的中国思想的薪火传承一直没有间断，新儒家学者中，鄂东就有熊十力与徐复观两人。

熊十力生在清末，1968年去世。他在1932年时就写出了《新唯识论》。他将佛教文化借鉴过来，成为中国哲学思考方法的一种。佛家讲"不二法门"，他讲"体用不二"。这部书在中国历史上和思想上的价值都非常高，所以《大英百科全书》中说他和冯友兰两个人是 20 世纪中国最杰出的哲学家。他说"重立大本、重开大用""保内圣，开新外王"。用"内圣"开出"王"，"内圣"就是自身思想的修养，"王"就是王道。熊十力认为，中国进入 20 世纪所面临的问题并不是孔子和孟子时代面临的问题，而是在他们学问的基础上的伸展。他自觉承担继王阳明、魏源之后，重新建立认识当下中国的思想体系的重任。熊十力的《新唯识论》，可谓是中国新儒学的开山之作。这个人很倔强，非常不合群，他是继李贽之后的又一位鄂东文人的典范。

在熊十力之后，还有黄冈团风县人殷海光。殷海光只活到五十岁，他大量的著作也是四十多岁时完成的。相比殷海光在国内的名气，他在海外的名气更大，因为 1949 年 3 月他到了台湾，在那里的身份是《中央日报》主笔。李敖、龙应台、柏杨、颜元叔等都是他的学生，你看看这些学生就知道这位老师是什么样的人。所以李敖说："除了思想指向以外，殷海光的政论文章光芒万丈，出色得使敌人和朋友都为之失色，而且至今无人超越。"李敖个性狂傲，桀骜不驯，骂人从不留情，唯独对他的老师如此尊重，佩服得五体投地。殷海光跟熊十力不同，他认为在中国的传统文化里开拓不了新的思想，因此他对儒家文化泛道主义的倾向和中国文化采取的从古价值取向持批判态度。他认为应该依靠西方的实证论哲学的输入来补救中国思想界，呼吁中国人认知的独立。这两个老乡尽管采取的路径完全不同，但想解决的问题是一样的，即中国思想的未来和中国文化的走向，他们两人都慨然以"救中国文化"为己任。

第三位思想家就是浠水的徐复观。他最初是政治圈里炙手可热的人物，1943年曾任国民党派往延安的高级联络参谋，所以他与毛泽东、周恩来、董必武等一大批共产党的领导人都很熟。蒋介石很信任他，任命他为少将参议，他是蒋介石的十四位核心幕僚之一。1944年春，徐复观到重庆的勉仁书院拜访了同乡长辈、国学大师熊十力，表明自己喜欢儒家和哲学，尊其为师。熊十力很直接地对他说：要想做学问，得先脱了身上的军装。后来，徐复观到台湾果真脱了军装，去做学问。与熊十力的这次见面，让徐复观的人生观和世界观发生了根本的改变。他弃绝所有官场的引诱，退出了扶摇直上、春风得意的仕途，开始当一位独立的学者。20世纪50年代初，徐复观与唐君毅、牟宗三等成为"现代新儒学"的代表人物。徐复观所有的思想和治学方式，如鄂东人的性格一样刚正不阿，但他与殷海光的价值观可谓南辕北辙，分属于两个不同的思想阵营。徐复观与自己的老师熊十力一样，都是要在中国文化里开掘出新的资源来滋养中国的文化，发展和壮大中国的本体文化。所以，徐复观说，中国历朝历代一直贯串着体现人文精神的圣人之道，或曰理，与表现为无限制的君主专制的势的矛盾和冲突，这是中国历史的"死结"。在这三个人身上，都体现出了"位卑未敢忘忧国"的精神。他们的忧患意识与生俱来，都希望利用他们所学的知识服务于当下的时代、民族和国家。他们的表现与当年李贽和耿定理的表现是一致的。

这期间还有一位语言文字学家黄侃，他属于"章黄学派"，对现代训诂学理论的建设做出了贡献。黄侃是章太炎的得意弟子，黄侃一生中在学问上最崇拜两个人，一个是章太炎，一个是刘师培。但刘师培后来被袁世凯给收买了，相传他要黄侃帮袁世凯写一封劝进信，愿意给他三千块大洋，结果被黄侃臭骂了一顿。黄侃的身上体现了鄂东人固有的独立自由的人格、学问的尊严。这一时期鄂东文化界的代表人物还有董必武、李四光、陈潭秋、詹大悲、田桐、居正、闻一多、胡风、汤用彤等等。在这一批人身上，鄂东的人文精神从"独善其身"走向"兼济天下"。

四

鄂东的人文精神具体体现在哪些方面呢？简言之，第一，"知行合一"。这一点最早由明代心学集大成者王阳明提出。熊十力在《新唯识论》中提出了"体用不二，心物不二"，就是在知行合一的基础上发挥出来的。鄂东的先知和先哲们，始终贯串了"在行中知，在知中行"这样一个过程。比如说，辛亥革命武昌首义的爆发，就是知行合一的体现，熊十力、黄侃、李四光、田桐、居正、詹大悲等一批鄂东志士都参加了这次首义。中国共产党的成立，其一大代表中就有董必武、陈潭秋、包惠僧三人。他们都是在"行中知，知中行"。辛亥革命是当时最需要"行"的事情，鄂东人"行"了，后来发现在"行"的过程中还有新的思想、新的知识出现，鄂东人再求是，再力行。鄂东的人文精神里，第一个值得肯定的，就是在"知行合一"方面做得很好。

第二个值得肯定的是鄂东的"孤往精神"。"孤往精神"是熊十力提出来的。当年在台湾，居正先生逝世时，有人写了一篇纪念文章，大意是说：湖北人敢为天下先，什么事情都敢做，经常有自己的抱负和孤独。一个人往往抱负大了就会孤独，我见过很多有抱负的人都很孤独，他会把天下看得很轻，不要说把官丢了，就是砍头也不要紧。所谓"砍头不要紧，只要主义真"。熊十力在《十力语要》中说："人谓我孤冷。吾以为人不孤冷到极度，不堪与世谐和。"熊十力认为：做大学问、做大事业要孤冷。这种性格在鄂东人里面，表现得非常突出，孤冷到极致，子弹都可以打穿胸膛，但就是不妥协。从这一点上看，苏东坡孤冷，他在安国寺收招魂魄；李贽也孤冷，在麻城讲学十几年，从不向世俗妥协；耿定理孤冷，他不求功名，只做学问，至死只是生员，人称"八先生"；黄侃孤冷，人称"黄十公子"，辛亥革命时，他的足迹遍及鄂东蕲春、黄梅、广济、浠水、英山、麻城以及皖西宿松、太湖等两省八县的广大穷乡僻壤，号召人民组织起来，以国家兴亡为己任，推翻清廷的反动统治；后来的陈潭秋、董必武、李先念也一样，都是孤冷到奋不顾身，绝不依傍任何人；闻一多孤冷，宁可饮弹而死，也不向恶势力妥协。他们都有思想洁癖，绝不容许世俗的东西来侵扰。

鄂东人文精神的第三个特点就是"崇文尚武"。人们都说鄂东人的特点是文武全才。美国的学者在研究鄂东时，发现井冈山、大巴山、太行山等这些革命老区基本上是文化不高的地方，唯独大别山这片老区是中国的人文高地，有的地方的人是为了饥饿而革命，而这个地方的人是为了理想而革命。革命需要他们拿枪的时候，他们拿枪；需要他们弄文的时候，他们也弄文。举个例子：清朝末年时，为了唤醒民众，清政府开放了报禁，在第一时间办报的鄂东文化人几乎都是各大报纸的主编和创办人，比如殷海光当时是《中央日报》的主编，后来和胡适一起创办《自由中国》，在海内外的影响力非常大；徐复观在1949年创办的政治学术理论刊物《民主评论》，成为20世纪50年代至60年代港台地区现代新儒家的主要舆论阵地；居正在民主革命时期，和田桐一起主持《中兴日报》，后到缅甸主持《光华日报》；黄侃在日本早稻田大学学习的时候，就和章太炎一起编《民报》；詹大悲1911年在汉口创办《大江报》；傅笠渔先后赴天津创办《新春秋》，赴大连任《泰东日报》总编辑，后又到天津任《益世报》主笔，又到北京筹办《新中华报》并任社长，后又接办《大公报》任主笔兼副经理。所以说，这一时期整个鄂东人走的路首先是报人，然后是将军。比如：田桐在辛亥革命时，任战时总司令部秘书长，南京临时政府成立后，任内务部参事、参议院议员，后参与筹组中华革命党，任中华革命军湖北总司令；居正曾参与组织共进会，是辛亥革命武昌起义指挥者之一、辛亥革命元勋，后于1915年参加护国运动，任中华革命军东北军总司令，率部与北洋军鏖战胶东、三打济南，是一位出色的军事指挥家。鄂东的各县市往往都有将军县、教授县、作家县、报人县之美誉，可谓一县一品，各臻特色。由此可见，鄂东人都是乐于改造社会的热血人物，革命需要他们拿笔杆时就拿笔杆，需要拿枪杆时就拿枪杆，真正是文武双全。

统领鄂东人以上三个特质的思想，则是"忧患意识"。他们真正做到了范仲淹的"先天下之忧而忧，后天下之乐而乐"，但我发现这些先辈很有意思，他们的"先天下之忧而忧"做得很好，但"天下之乐"后还不快乐，因为他们又发现了新的问题，要去思考和解决。当然，在今天，鄂东人文精神的"接力棒"，已经传到了我们这一代人手上。我相信，我们一定能够秉承先辈强烈的忧患意识，继续拓宽和延续鄂东千百年来的精神长河。

2013 年 5 月 4 日
在湖北省黄冈市委礼堂的演讲

海南与明代历史文化

各位朋友，这是我第二次登上海南"国际旅游岛讲坛"做演讲。上一次讲的是张居正与"万历新政"的改革，今天我给大家讲一讲海南与明代的历史文化。

为什么讲"海南"和"明代"这两个关键词呢？虽然我今天的演讲中还会讲到其他的朝代，但是明代是我主要研究的历史范畴，其次是宋代。海南今天正在建设"国际旅游岛"，如果不在海南讲海南，在别的地方就没有更多的机会讲海南，或者说，听众的兴趣不会这么大的。

"海南"这个词，最早出现在东汉，那时叫"海南海西节度使"。一听这名称就知道是一个军事建制。最初的海南，就是属于军管的性质。"节度使"是军事衙门，相当于今天的省军区这个级别。但是，节度使作为海南的最高长官，是既管军事又管行政。海南节度使的衙门设在儋州。以今天的眼光看，儋州没有海口、三亚的名气大，但在历史上，儋州是海南最好的地方。那时海南也不叫"海南"，叫琼州，它最早是雷州的一部分。"海南"这两个字在东汉，即把琼州分成了海南、海西两块，当时的海南只是海南岛的一部分。

我看过明代的《大明一统志》，这本书是明英宗朱祁镇让李贤领衔编纂的。在这部明代官方的地理书上，我们可以准确地了解海南的建制。在明代开国皇帝朱元璋的手上，海南正式定为琼州府，相当于今天的地市级建制。琼州下辖三个州，即儋州、万州、崖州，都是"副市级"，还有十个县，即琼山县、澄迈县、临高县、定安县、文昌县、会同县、乐会县、昌化县、陵水县、感恩县。其中的昌化县，就是北宋大文豪苏东坡的流放地。在这部志书里，记载着琼州府东至海岸四百九十里，西至海岸四百一十里，南至海岸一千一百三十里，北至海岸一十里。自府治至南京六千四十五里，至京师九千四百九十里。我昨天还在问一位当地的朋友：北边的海口与广东的徐闻县最近的海峡有多宽？答案是十七海里左右。看来，这个距离与六百年前没有多大变化。明代中国的两个"直辖市"是应天府南京、顺天府北京。海南与南京陆地距离六千零四十五里地，离北京有九千四百九十里。在船与马作为主要交通工具的时代，海南离中国的政治中心确实非常遥远。

仍然是这部《大明一统志》，对海南的风土人情也做了详尽的描述。概括起来，大致有以下几点：第一，这个地方的人以槟榔为命，以薯菜为粮，人们吃番薯，作为主粮，各种杂菜是辅食。第二，酿酒不用曲糵，用"严树皮"。我也不知道"严树"是什么树。《太平寰宇记》里记载，有木曰严树，捣其皮叶，浸以清水，以使酿和之。或取石榴花叶和酿。酝之数日成酒，能醉人。直到今天，海南人还有嚼槟榔与喝此酒的习惯，这个传统从古到今一直保留着。

下面说人文方面。海南的衣冠礼乐效仿中原，这个传统的形成是有历史原因的。主要是汉末至五代，一大批中原人来到了海南岛。不过，最多的一次大迁徙是东汉末年的三国时期。三国时期海南属于吴国。那个时候，有一大批人从中原逃避战难来到岛上定居。西汉时期来到岛上的人，多半是关中、河南、河北、华北平原一带的人。第二批即是东汉末年来的人，则以江浙人居多。这是历史上海南的两次大迁徙。在迁徙的过程中，他们带来了先进的中原文化，颇有古风。

一些史籍中对海南人的性格和海南风俗也有两个评价。第一个评价是，这个地方的人"淳朴俭约"，这个地方的人单纯节俭，持家过日子很节省。虽无富民，亦无刁民。千百年来这个岛上没有富人，但是也没有发生饿死人的现象。有一句话叫"凶年不见丐者"，意思是哪怕遇上瘟疫、天灾人祸最多的年代，海南岛上也看不见一个乞丐。这是古代的海南岛，物流还不是很发达，这个地方没有产生大的富豪，但因为植物茂盛，也没有饥荒，这是当时大致的生存状态。古时海南人的整体性格也很有特点，他们平常不怎么讲究衣冠礼仪，土著的居民基本上保持着原始的生活状态。但是，土著人非常守法，他们怕官府，怕坏人，从不干盗窃的事。当时海南的牛羊是散放的，各家各户的牛羊混在一起，没有一个人会冒领别人的牛羊。我1988年第一次到海南考察时，印证了这些说法。明代史家记载，海南既无巨富也无乞丐。还有一句话说，海南的读书人衣冠礼仪"颇类中原"。颇类中原的原因就是两次大迁徙，不少中原人来到海南定居。

海南正式并入中国的版图，是在汉代。在西汉和东汉各有一位将军率军平南，一路打到了海南岛。一是西汉的路博德，一是东汉的马援。两个人都被朝廷封为一个爵号，叫"伏波将军"。所谓"伏波"，大概是指成功地实现了对海洋的控制。随着这两位"伏波将军"来到海南的部队官兵，许多都留下来定居了，时间久了，就变成了海南的土著。十年前我到甘肃临洮，在一个非常偏僻的乡村，看到很多房子都像堡垒，没有窗户，四周是封闭的、高大的干打垒的围墙。我心想，这怎么像碉堡呢？后来看到从里面走出的人全都是穿着明代的衣服。我感觉很奇怪，一问才知道，这是明朝初期常遇春的部队留下来的后代。那时的土著很野蛮，常遇春的部队平西来到这里，为了防止土著攻击，便把房子砌成了碉堡式的。历史前进了几百年，但这种建筑却延续了下来。住在里面的人穿的是当年形制的衣服，戴的首饰也还是明代的样子。这让我想到路博德和马援当年带着很多军人渡海而来的情景。所以，在海南也应该可以看到汉文化的孑遗。我到过马援的老家，陕西的茂陵，即兴平县。当地有关马援的故事流传很多。他是东汉第二个皇帝的老丈人，因为收复海南而有功于社稷，但仅仅只受封为"伏波将军"，地位不是很高。用今天的话说，还没有进入"中央政治局"这个层面，只到了"正部级"层面。但是，正是这位马援在拉近海南与中原的文化差异上，起到了很大的作用。真正让中原文化在海南得到了发展与普及，则是在唐代。因为从那以后，才开始有大量的贬官进入海南。

最早到这里来的贬官，级别最高的是唐代的李德裕。李德裕在崖洲的时候，崖洲有一个"望阙亭"，据说李德裕来的第一天上这个亭子，就颇多感慨。因为这个人在长安的时候是宰相，权倾天下。在权力倾轧的时候失势，被排挤到海南，死在了这个岛上。所以，他一登上"望阙亭"便百感交集，于是写了一首词："独上江亭望帝京，鸟飞犹是半年程。青山也恐人归去，百匝千遭绕郡城。"

这首诗的情调相当忧伤，相当凄凉。他觉得，海南离长安太远了，不要说人，长着翅膀的鸟想飞回长安，也得飞半年时光。一下子离开锦绣富贵之乡到一个天荒地老的地方来，这个反差太大了！"青山也恐人归去"，一层一层的青山都阻挡着你，怕你离开了。当地人喜欢你这个大文化人啊，所以要挽留你。李德裕是第一个贬到海南的宰相级官员，他在这里留下的诗不止一首，还有很多。我想，当时海南的文人一定会跟他有很多的交往。有的时候，国家对某一个人的惩罚，对他本人来讲是一个巨大的悲剧，但是对某一个地方来讲，可能是一个巨大的福音。就因为海南是中国最远的地方，也是最落后的地方，恨你就把你送到海南，这倒也"成就"了海南这个地方，让文化的薪火传承没有间断。

现在海口的五公祠里面供奉着李德裕、李纲这些人。但是在海南影响最大的文人，应属苏东坡，他是被贬到海南的最大的文人。我这一辈子最心仪的两个文人都是四川人，一个是李白，一个是苏东坡。我的老家湖北黄州，也同海南一样，是苏东坡的贬谪之地。他在黄州团练副使的职位上待了四个年头。他一生最辉煌的艺术高峰，就是在那里创造的。他在那里写了散文《前赤壁赋》《后赤壁赋》，词《念奴娇·赤壁怀古》，书法《寒食帖》——被称为中国行书的第三高峰。苏东坡的诗、赋、书三绝，都是在黄州创造出来的。古人有"天不生仲尼，万古长如夜"之说，意思是如果没有孔子，我们中国现在可能还在漫漫长夜中摸不到路。套用这句话，可以说：天不生东坡，文学无高峰。

海南五公祠里虽然没有供奉苏东坡，但海南多处建有苏公祠。他离开儋州的时候，他的住所做了东坡书院。他的文化影响力太大了。1942年，毛主席在延安接见丁玲。当时丁玲是从抗日前线投奔共产党来到延安，毛主席很高兴，给她写了一首词，其中有这样的句子："纤笔一枝谁与似，三千毛瑟精兵。"苏东坡这一支笔，哪止"三千精兵"，三十万、三百万都不止！这次党的十七届六中全会提出文化大发展大繁荣，实际上就是看到了文化的力量。海南要建设国际旅游岛，我认为应该将历代走进海南的大文化人"请回来"，借助他们留给海南的宝贵文化遗产来宣传海南、建设海南。

上面是我讲的第一个问题，简单地讲了一下海南的人文历史。现在讲第二个问题：明代的朝廷政策对海南有哪些影响。

中国大一统政权建立之后，在很长的历史阶段，国家主要的忧患和不安定因素均来自北方，特别是西北和东北。屡屡让中央政权难以招架的几个大的少数民族，像匈奴、鲜卑、契丹、女真，都来源于西北高原和东北平原。以鲜卑族为例。这个民族很了不起，他们渴望入主中原，其最早生活的地区是大兴安岭靠近呼伦贝尔大草原的嘎仙洞。那里是极寒地区，冬天时间长，最低气温零下四十到五十度，自然条件很恶劣。他们觉得应该向中原去，以改变自身的生活状况。他们从嘎仙洞出发，越过了茫茫的呼伦贝尔草原。那个时候的呼伦贝尔虽然很美，但也是危险的地区，大面积的湿地、沼泽地，让牛羊无法穿越。早期的鲜卑人显然不具备这样长途跋涉的设备和技术，但他们从不气馁，一直顽强地探索，最终穿越了呼伦贝尔大草原。之后，他们又迁徙到了靠近呼和浩特的和林格尔。在和林格尔这个地方，他们控制了蒙古高原，建立了北魏政权。之后又花了十几年的时间，把首都迁到了大同，再花九十多年的时间迁到了河南洛阳。也就是说，人主中原，统一中国北方，鲜卑人前后用了好几百年的时间，才完成了一个民族的梦想。今天，我们看到的龙门石窟、云冈石窟，都是北魏人创造的。

再说契丹人。唐朝衰落以后，契丹人迅速在东北地区崛起，并建立了强大的辽国。当时华北及山西等处的燕云十六州，都在辽国的版图内，由此导致中国分裂了两百多年。与它同一个时期的北宋，是中国版图最小的一个朝代。

第三个入主中原的少数民族是女真人。他们崛起于东北哈尔滨附近的阿城，他们建立金国的时候，战士人数并不多，那是1115年。而十一年之后的1126年，宋朝的徽、钦二帝就成了他们的俘虏。

继鲜卑、契丹、女真三个少数民族入主中原之后，接下来是蒙古人，他们消灭了分治的金和宋，成立了大一统的元朝。此后，朱元璋又取代元顺帝，建立了明朝。

明代中央政权的威胁主要在东北和西北。宋代的时候，西北成立了西夏王朝，那个时候中国的版图，有三大王朝：宋、辽和西夏，一个在东北，一个在西北，一个在中原。海南那时候还在宋朝的版图内，中原的干戈纷争对它的影响不大。

以上讲了几个朝代的历史教训，说明在较长的历史时期内，中国的内忧外患，主要来自北方。明朝开国之后，统治者不可能不关注这些历史教训，所以仍然把国家的军事战略重点放在西北和东北。南方，特别是两广以及海南，因为经济落后被称为蛮夷之地。在这种状况下，处在天涯海角的海南就不太可能引起中央政权的特别关注。

任何事情都要从两方面看。一方面，明王朝对海南的忽略以及自身交通的落后，使这个宝岛处于几乎与世隔绝的状态；另一方面，也由于海南偏安一隅，使得这里的人民得以在较长的时间内休养生息。中国有句老话，叫"宁做太平犬，勿为乱世人"。太平的生活，使得海南得到了较好的发展。事实上，从汉代开始承传的中原文化，到了明朝中期以后才进入收获期，如丘濬、海瑞这样一些官场的楷模、书生中的精英，都是在这一时期诞生的。

说到这里，再顺便讲一讲明代的海禁政策对海南的影响。随着郑和下西洋，全世界航海事业的发展，出现了兵力很强盛甚至战斗力更强的海盗，比今天的索马里海盗还要厉害。明代的文献很少谈到海南有海盗。海盗主要的活动区域是在福建、浙江和江苏。当时的福建泉州，是中国南方海上丝绸之路的起点，是整个东南最富裕的地方，再就是宁波、杭州、台州等。所以，东南沿海一带海盗猖獗。这些海盗不仅仅在海洋上实施抢劫和走私，甚至还登岸烧杀抢掠。朱元璋在位的时候，海盗的问题不是太严重。燕王朱棣登基后，海盗问题开始显得突出了。其时，他六次率兵深入西北作战，国家财力没有能力同时开辟两个战场，于是，他提出了更严厉的海禁政策。我查阅了有关资料，所谓海禁政策，其中最重要的一条就是把岛上的居民全部迁完。前年我到温州做调查，很多地方的岛屿在明代是无人区，岛上本来有居民，全部撤走了，不准在岛上住人。二是不能通船通商，谁敢海上走私是要处以极刑的。随着航海技术的发展，日本、印度等东南亚与中东国家的奢侈品与大宗商品通过走私源源输入中国。因为走私，很多江浙、福建人一夜暴富。当时有一个安徽的商人，叫王直，在杭州做点小买卖，后来搞走私成了富甲一方的人物。其实他走私也不是瞎走的，他从海外走私进来的大部分奢侈品都被宦官和达官贵人买走了，有了这些买主，王直的走私才能成功。因为王直走私货物量特别大，引起了朝廷的注意。当朝廷下榜捉拿王直时，王直干脆在海上当起了海盗，并带着手下登岸抢掠，从宁波抢到杭州，又从杭州抢到江苏太仓，比今天的索马里海盗还要厉害。在这样的情况下，胡宗宪的手下戚继光和俞大猷，都成了打击海盗的专家。俞大猷在福建打海盗，戚继光在浙江打海盗。就是因为有了这两个人，再加上海禁政策，东南沿海的海盗才慢慢平息下去了。

一个奇怪的现象是，就在明朝中叶东南海盗十分猖獗的时候，海南岛却相对平静。如果单从地理的角度看，海南岛最容易成为海盗的根据地。但是，为什么海盗青睐东南而抛弃了海南呢？原因只有一个，就是经济。自唐代之后，东南江浙一带就成为中国的财赋收入重地。在明代，更有"财赋仰赖东南"的说法。海盗同商人一样，都是逐利的群体，海南虽然得地利之便，但不是财源滚滚的地方，所以海盗不肯来这里。

现在海南的情形与明朝相比，已经完全不一样了。自1988年单独建省之后，海南就遇到了前所未有的发展机遇。随着世界格局与经济形态的改变，在本世纪的第二个十年，历史大风水的转盘转到海南来了。我今年到烟台、青岛搞了两次调研，就是看胡锦涛同志提出来的"蓝色经济"发展得如何。蓝色经济就是海洋经济。我看海洋经济还可以划分为岛岸经济与海岛经济。青岛、烟台、威海、大连、厦门都属于岛岸经济，而海南与台湾一样，都是海岛经济。现在的海南想要步入经济发展的快车道，我认为最佳的选择就是发展旅游。现在海南国际旅游岛的建设已经上升为国家战略，可见大家都想到一块了。

不要说世界，就是在亚洲，旅游岛的成功例子就有不少，如印尼的巴厘岛、泰国的普吉岛、韩国的济州岛等等。海南有强大的中国经济做支撑，有内地那么辽阔的市场，加之起步晚，可资借鉴的成功经验很多，完全可以期待它会后来居上，成为中国蓝色经济发展的杰出代表。

谢谢大家。

2011 年 12 月 28 日

在海南省"国际旅游岛讲坛"的演讲

从太极图说中国传统文化

讲这个题目之前，首先要弄清楚的是，什么叫传统文化。

对传统文化，我们所下的定义已经有很多，弄得很复杂，让人费解。其实很简单，就是把我们的生活方式和思维方式一代一代地往下传。这样谈起来有点空，我给大家举一个例子。有一次我回老家过春节，回家的路上，车陷在了新修公路的泥潭里弄不出来，我去找旁边村子里的人，给他们钱，请他们帮忙把车子弄出来。他们说："那不行，因为刚吃完年饭，贴了对联就不能干活了。"我问："你们这里都这样吗？"他们说："都这样。"这就是一个传统。再说一个事例。我的父亲去世了，我想给他立碑，被告知不能立，要三周年后才能立碑。为什么呢？他们说："不知道为什么，老辈就是这样立的规矩。"从这些例子可以看出，传统文化就是我们的生活方式，就是我们民间所遵循的一种代代相传的乡风民俗。

不同的民族有不同的传统。在古时的蒙古，如果父亲有两个或更多老婆，父亲的大老婆生了儿子，儿子成年后父亲死了，那些小老婆就要嫁给他这个儿子。我们汉族认为这是乱伦，是不可理解的，他们却司空见惯。当然，现在蒙古族接受了汉文化，再没有这种婚俗传统了。所以，世界矛盾其实是不同文化的矛盾。德国人在二战结束后，为民族犯下的错误道歉，日本人却拒不道歉，这就是日本的传统。你想让日本改变这个态度，就要改造他们的文化。只要这个传统文化在，就不要期待它改变自己的这样一个态度，就不要指望它道歉反省。日本在中国明代那个时候，对中国的入侵，就是这样的，包括在朝鲜的战争，日本从来就没有认过错，对任何一次侵略战争都没有认过错，就是这么霸道的一个国家。大到一个国家、一个民族，小到一个个人，秉承的性格、思维、生活等所有的方式，就形成了不同国家、民族、个人的文化，长久延续下来，这就是传统文化。

传统文化是不容易被改造的，能改得掉的，不用我们强制，历史就会把那些文化淘汰掉、过滤掉了。改革就是把优秀的传统文化留下来，把不合适的改掉。

第二个问题，讲讲文化传统的脉络是怎样产生的，中间有哪些大的改变影响了文化的走向。

公元前6世纪到公元前2世纪这四百年，是中国文化由萌发到定型的时期。在这段时间里，产生了先秦诸子百家，孔子、孟子、荀子、墨子、韩非子、老子、庄子等，他们都是大学问家。其中以儒家、道家、墨家、法家、阴阳家、名家、纵横家、农家、杂家、小说家这十家为代表，共产生了十种学问，这十种学问就是出自中国古代的文化。只要通读过这些书，就能知道中国文化的范畴。而在这个文化之前，已产生了八卦。南宋的朱熹曾对它做过阐释。孔子奠定了儒家，也曾对八卦做过解释。汉代的王充算是道家，他从道家角度也对八卦做了解读。八卦图也称太极图，这个太极图被联合国教科文组织评为人类图腾的第一图案。第二个图案是伊斯兰教的星月图案。

关于太极图，有一种误传，说太极图最早的发明者是陈抟，其实不是。去年，我到荆门屈家岭文化遗址参观，看到了一个出土的陶轮，非常激动，因为在这个陶轮里面，有一个完整的太极阴阳图。这个陶轮距离现在已有了四千七百多年。这个陶轮可证明，太极图早在商代就出现了，它就是中国文化最早的象形符号，也被联合国组织认定为人类文化的第一符号，再没有什么比这个符号更富有哲学意义了。它由阴阳两极组合在一起，我们打太极拳，实际是抱着一个球在转，这叫作内太极与外太极相结合，因为太极是不可分的，一分开的话，一半是阴一半是阳，阴阳就是两仪了。无极生太极，太极生阴阳，阴阳生八卦，八卦生万物。传说发明八卦的人是伏羲，周文王把八卦用文字的方式演变成六十四卦，然后孔子把六十四卦爻辞全部写出来了，这就是中国传统文化最早的《易经》。《易经》之后，又产生了金、木、水、火、土五行和天干地支。天干十位，地支十二位，甲、乙、丙、丁、戊、己、庚、辛、壬、癸，这是十天干；子、丑、寅、卯、辰、巳、午、未、申、酉、戌、亥，这是十二地支。天干和地支依次相配，组成六十个基本单位，就是一个甲子。

上面由太极图而衍生出的术数，既是抽象的又是具象的，既是形而上的又是形而下的。"母本"的学问导致先秦诸子百家的产生，他们皆生活在春秋战国时代。

中国历史的演变非常有意思。在春秋战国时期，大大小小的诸侯国几百个，每一个小国的最高统治者叫国君。皇帝是秦统一中国之后才有的，第一个大一统的皇帝是秦始皇。过去能称为"皇"的就是三皇五帝，"皇帝"这个概念既包括了三皇也包括了五帝，统治了天下也统治了国家才叫皇帝。这种演变在我们楚国，是叫王，王的正式称谓是国君。罗马时代叫城邦制，欧洲由城邦制发展到今天的联邦制。我们是郡县制，这也是对中国统一的最大贡献。现在有一些学者说，中国没有演变成城邦制，这是中国走向专制的一个弊病。这种说法是不对的，它混淆了两种文化时代，就像说"这个人如果当年变成男人，他肯定会成为一个英雄，可惜他变成了女人"，这种假设是不科学的。

如果地球上只有一种文化存在，这种文化最终也会重新演变成若干种文化，这是人类文化本身的特性所决定的。

楚国是崇尚八卦的，齐国崇尚阴阳，鲁国、吴国也崇尚阴阳。它们之间的文人互不服气，所以当时李白到湖北来，在安陆隐居时写了一首诗，其中有言："我本楚狂人，凤歌笑孔丘。"用现代话说就是：我本来就是楚国的狂人，你孔子也没什么了不起的！孔子辞了鲁国的官位，到处讲学。当时伍子胥是一个楚国的英雄，楚文王把他一家人杀了之后，他跑到吴国帮助其强盛起来，然后要灭楚。孔子很崇拜伍子胥，是他的粉丝，他说，只有伍子胥来到我国，才可以帮助我国强大，可以救我们的社稷。可见伍子胥在当时的地位。

孔子的文化主张比较保守，一辈子要"克己复礼"，要恢复几百年前周朝的人文礼仪。孔子说过一句话："久矣，吾不复梦见周公。"意思是说，我很长时间没有梦见周公了。他是怕周公抛弃了他，这是孔子的文化观。当时鲁国国君听他的，所以能把周朝的文化保留得原汤原汁。吴国的公子季札到了鲁国，鲁国弹奏了一二十首音乐给他欣赏。回国七年后，季札还如醉如痴，说：我在别的国家听不到周朝这样的音乐，鲁国是真正的周文化继承者。韩国的公子也到了鲁国，他在鲁国见到了最圆满的祭奠和乐舞，这两项也都是周朝的礼仪，鲁国都将它保存了下来。孔子坚持恢复周礼，把鲁国看成是周朝最后的一块"根据地"。但完全继承了周文化传统的鲁国，并没有避免覆灭的命运。

今天探讨文化的继承和创新问题，我赞同这样一个观点：没有创新就没有国家的未来。为什么这样讲呢？这是有根据的。孔子所心仪的周文化，凝重典雅。把宝鸡博物馆和我们湖北省博物馆所藏的青铜器做一个比较，便可明了。楚文化的特点是奔放、飞跃、热烈、流动；而周朝的青铜器古朴、厚重。应该说，相对于代表主流文化的周文化，楚文化几乎是处处洋溢着创新精神。这样一来，就造成了周朝对楚国的不认同。诸侯们聚会的时候，楚国是没有地位的。楚王第一次到岐山参加周天子召开的诸侯会议，在正规的宴席桌子上，没有他的位置，只好站在旁边。楚王因此很是生气。周文化是"没有规矩不成方圆"，楚文化是"究天人之际，通古今之变"，这完全是两种思路。

楚文化在传统文化中当了"叛逆"，对强势的周文化进行了伟大的改革与创新。有人会说，创新有什么用呢？你再创新，最后不是也被秦国灭掉了吗？这就是我们要认真探讨的问题。

历史上有两个朝代，值得我们仔细研究。一个是秦朝，享祚十五年；另一个是隋朝，享祚三十七年。这两个朝代都是二世而亡。秦修了长城，隋修了运河；秦发明了郡县制，隋发明了科举制。这两个都是在文化创新上做出很大贡献的朝代，结果都很短命。这说明一个问题，文化创新还要看当时的国情、国力和老百姓的承受能力。如果把老百姓的生存需要忽略掉，而突击搞创新，去改变一些东西，最终矛盾激化到一定地步，是会伤及自己的。

在中国历史上，我们把所有皇帝分析一下：从秦始皇开始，包括只当了一天皇帝的，总共二百五十位左右。三皇五帝再加上夏、商、周的王，也不到五百位。我们的研究一般都关注那几个开国皇帝，几个中兴皇帝，对皇帝的整体研究相对要少一些。中国的《易经》讲一阴一阳之谓道，从每个朝代以及每个皇帝的兴衰更替，是能够看到中国传统文化的起承转合与流变的。

中国的传统文化发展，有点像我们从骑自行车到踩三轮车这一个驱动方式的变化，在"儒为龙头，道佛为两翼"这样一种文化作用之下，中国文化作为社会力量一直相当稳定。只不过鸦片战争以后，中国文化遭遇到西方文化的侵略与碰撞，这种超稳定结构才遇到了强有力的挑战。探讨传统文化在改革中的作用，需要弄清楚以下几点：第一，弄清什么是传统文化；第二，传统文化的传承脉络；第三，怎样吸收传统文化中的精华，开创我们的文化未来。

"沉舟侧畔千帆过，病树前头万木春。"我们应该期待有先秦诸子百家那样一种文化土壤的出现。只有那样，真正的文化大师、圣贤般的思想家，才有可能出世。

2014 年 4 月 29 日
在湖北省"人大干部讲堂"的演讲

长江与伏尔加河上的文学波涛

尊敬的俄罗斯国家图书馆副馆长柳德米拉·吉洪诺娃女士,各位嘉宾朋友,非常荣幸,能够作为湖北省作家代表团成员,第二次来到我在少年时代就向往和梦想过的俄罗斯。

我们这一代中国作家,对俄罗斯最早和最形象的了解,首先就是通过阅读普希金、屠格涅夫、列夫·托尔斯泰、契诃夫等伟大作家的文学作品来完成的。通过大量杰出的俄罗斯文学作品,我们进入了俄罗斯辽阔博大的疆域,听到了涅瓦河、伏尔加河和贝加尔湖的涛声,闻到了俄罗斯乡村田野的气息,欣赏到圣彼得堡郊外的白雾,感受到了白桦树林金色的光芒……更重要的是,这些作品,使我们领略了那种博大、坚强、苦难、忧郁的俄罗斯精神。

尽管时间在流逝,尽管人们的生活方式在改变,甚至体制、经济、文化等都发生了变更和转型,但在我们这一代人心中,一提到俄罗斯,我们首先想到的,就是这个伟大国度永恒不变的形象——在辽阔的地平线上,有通向世界尽头的漫漫道路;在白茫茫的雪地上,有飞驰而过的雪橇;透过乡村池塘和湖畔的椴树和白桦树,有射出万道金光的太阳;太阳底下,是一代代爱好自由、艺术、诗歌、理想的俄罗斯人……

俄罗斯是一个承受过太多的苦难,也拥有着辽阔和博大胸怀的国度。在她的民族性格中，流淌着像伏尔加河、贝加尔湖一样深沉的忧郁和奔腾不息的进取之心。有一段话，我一时无法准确地记起它的出处，大致的意思是说，在整个人类所有已经承受的苦难或将要承受的苦难当中，再也没有什么比俄罗斯这个民族已承受的苦难更为惨烈和更为深重的了。这也正是俄罗斯民族深深打动我和令我敬仰的地方。

也许正是因为这个伟大的民族承受了太多的苦难，才孕育出了19世纪诗人费多尔·伊凡诺维奇·丘特切夫那振聋发聩的诗句："俄罗斯无法理喻，无法用一般的尺子丈量，她有特殊的品性，俄罗斯只能相信。"还有与丘特切夫同时代的另一位伟大的诗人涅克拉索夫，在他的长诗《在俄罗斯谁生活得更快乐？》里，对伟大的俄罗斯母亲的命运也发出了沉重的感叹："你是贫穷的，你又是富饶的；你是强大的，你又是虚弱的，我的俄罗斯母亲！"

是的，生活在19世纪的一大批文学家、诗人和画家，都用自己的眼睛、心灵与生命，真切地看到过和深深地感受过俄罗斯母亲的苦难与不幸，并且纷纷用各自的文笔与画笔，以严峻的现实主义笔触，把触目惊心的苦难和不平等的现实、截然对立的社会矛盾，展现在世界面前。他们用各自朴实而深沉的现实主义作品，实践着自亚历山大·普希金以来的那个崇高的愿景与理想：

> 相信吧，迷人的幸福的星辰
> 就要上升，射出光芒，
> 俄罗斯要从睡梦中苏醒，
> 在专制暴政的废墟上，
> 将会写上我们姓名的字样！

我从少年时代起就开始诗歌创作。伟大的诗人普希金不仅教会了我如何抒情，而且教会了我如何把自己的命运和祖国、人民紧紧联系在一起。普希金的《致凯恩》《致恰达耶夫》《自由颂》《在西伯利亚矿坑的深处》《我给自己建立了一座非人工的纪念碑》等著名诗篇，我在少年时代就能背诵并且深深地陶醉其中。我知道，青年时代的普希金，对中国这个古老而神秘的国度，也曾经十分向往和热切地幻想过。1820 年当他离开圣彼得堡去南方，在南方漫漫的长夜里，他曾经幻想过自己到达了中国，站在中国万里长城上的情景。普希金也十分热爱中国文化，他的藏书中，涉及中国生活和中国文化的书籍，就有八十多种。他的诗歌中多次出现过诸如中国的夜莺、万里长城等"中国元素"。

　　那时候我也因为阅读普希金的诗，而对敢于追求自由和梦想的"十二月党人"由衷地崇拜，可以说是情不自禁地为那些远大的抱负和献身的高尚而感动，甚至也幻想着自己有一天，能够像那些勇敢无畏的"十二月党人"一样，毅然踏上为理想而受难的旅程，即便是"在烈火里烧三次，在沸水里煮三次，在血水里洗三次"，也无怨无悔，并且期待着某一天，会有一双温柔而明亮的眼睛注视着自己，随时会为一声关切的问候或轻轻的叹息而眼含热泪……

　　随着青春时光的消逝，等到我逐渐成长起来、成熟起来之后，我对俄罗斯的感情也愈来愈变得深沉和深厚。我的心中也时常回荡着诗人亚历山大·亚历山大罗维奇·勃洛克那泣血般的歌咏："我的俄罗斯，我的母亲……"我也用同样深沉的感情呼唤过："我的中国，我的祖国，我是你大手大脚的儿子……"

除了对俄罗斯19世纪这个被称为"黄金时代"里涌现出来的众多文学大师和思想家的景仰，当20世纪"白银时代"的哲学家、思想家、诗人、作家也进入中国作家的视野之后，我们对俄罗斯的理解和感受，无疑变得更为丰富、立体和深刻了。

　　我知道，白银时代的著名女诗人安娜·阿赫玛托娃，对生活在公元前300年前后的中国古代最伟大的诗人屈原，十分心仪。而大诗人屈原，正是出生在我们湖北省秭归县，是在我们家乡出生的、世界级的伟大诗人。而且特别值得骄傲的是，我与屈原出自同一个祖先……杰出的女诗人安娜·阿赫玛托娃，不仅亲自翻译过屈原的许多诗歌作品，还写过一些向屈原致敬的作品。我记得她对屈原的诗歌名句"路漫漫其修远兮，吾将上下而求索"是这样翻译的："我上升复又坠落，朝着命运指引的方向……"有一些翻译家觉得翻译得不准确，但是我却觉得，这才是真正的诗歌翻译，是一位诗人隔着汗漫的时空，向着另一位诗人发出的精神呼应。安娜·阿赫玛托娃和屈原这两位诗人的关系，可以说是俄罗斯与中国湖北省文化交流史、文学交流史上最美丽的一个篇章。

　　安娜·阿赫玛托娃写过一首类似中国绝句的短诗，只有两行，也曾经深深感动过我。她是这样写的："别人对我的赞美，我把它们弃如炉灰；而你即使对我诋毁，我也看作是赞美！"这里表达的，应该是诗人受尽种种不公正的待遇和苦难之后，对俄罗斯母亲的态度与感情。这种感情，使这一代人无论处在怎样的艰难、困苦、迷惘之中，都永不低头，永不绝望，永远不会熄灭心中追求自由和幸福的心灵之火。他们沉重的脚步，踏过了俄罗斯母亲深厚的雪地，从苦难的生活现实，一直迈向明天。就像当年的"十二月党人"和他们的恋人、妻子们，那么从容坚定地踏上漫长的弗拉基米尔的大路，走向寒冷的西伯利亚雪原一样。

白银时代另一位杰出的诗人、作家，1958年诺贝尔文学奖获得者鲍利斯·列奥尼多维奇·帕斯捷尔纳克，在艰难的岁月里写信鼓励诗人茨维塔耶娃的女儿说："不管生活如何变化，不管它如何苦痛，有时甚至使人害怕，人有权无忧无虑地按照自己从儿时即开始的、理解的、心爱的方向去工作，只聆听自己并相信自己。"而后者，最终也坚信，父辈的牺牲是有价值的，因为他们是把最赤诚的爱，聚集在自己善良、智慧的手心里，用自己的呼吸和劳动，使他们有了永久的生命。当读到这样的故事和情节时，我仿佛看见了站在大海边的普希金，跋涉在草原上的屠格涅夫，徘徊在伏尔加河畔的列宾，还有耕耘在雅斯纳雅·波良纳的列夫·托尔斯泰……

毫无疑问，他们都是伟大的俄罗斯的精神和灵魂。因为拥有了这样一种博大、辽阔、深沉的精神，拥有了这样一个高贵不屈、永不绝望的灵魂，诗人勃洛克才坚信：严寒、苦难、屈辱，甚至分裂，都不能压倒俄罗斯，俄罗斯注定会从严寒和苦难中新生，新生出一个强健的、伟大的俄罗斯！

俄罗斯也是一个善于铭记苦难的民族。十八年前，我第一次来俄罗斯的时候，给我留下深刻印象的是，几乎每个城市都有爱国先烈纪念碑，年轻人生命中最重要的结婚仪式，不是大摆酒席，而是到烈士墓、纪念碑旁献上鲜花，拍下珍贵的结婚照。在迈向新生活之际，缅怀为国捐躯的先烈，让自己洁白的婚纱和鲜艳的花束，与烈士墓旁的长明灯相映生辉，这是多么圣洁和感人的场景！据说，这已经成为俄罗斯一代代青年的传统习俗。我想，如此美好和感人的习俗，不正是源自一代代血脉相传的、对自己的祖国和民族的根深蒂固的热爱吗？俄罗斯伟大的情怀，不也正体现在今天这样一些生活细节中吗？

朋友们，非常惭愧，我不懂俄语，对于同样博大、伟大的俄罗斯文化，知道得非常有限。我从少年时代直到目前所阅读的所有俄罗斯文学、哲学、艺术史和历史著作，都拜俄语翻译家所赐。让我们感到幸运的是，中国近代以来，自鲁迅先生那一代人开始，就拥有了一大批优秀的俄语文学翻译家。有的翻译家几乎把毕生的才华和精力都献给了某一位他所服膺的俄罗斯文学大师，例如汝龙先生翻译契诃夫，草婴先生翻译列夫·托尔斯泰，冯春先生翻译普希金，等等。

我在少年时代和青年时代创作诗歌时，就接受过普希金、莱蒙托夫和苏联时期的叶赛宁、马雅可夫斯基、叶甫图申科等诗人的影响。我在1990年至2000年用了十年的时间创作长篇历史小说《张居正》，其中给予了我直接的文学影响的作品，就包括普希金写普加乔夫起义的历史小说、列夫·托尔斯泰的《战争与和平》、肖洛霍夫的《静静的顿河》、帕斯捷尔纳克的《日瓦戈医生》。这些伟大的作品，在艺术化地处理历史大事件、大变革与主人公命运的沉浮关系等方面，曾经给我带来过许多启示和思考，给过我直接和丰富的文学滋养。

如果说，诗人普希金教会了我如何抒情，列夫·托尔斯泰、肖洛霍夫教会了我如何艺术化地处理历史题材，那么，另一位伟大的俄罗斯作家屠格涅夫，则是我创作散文的又一位宗师。他的《猎人笔记》，特别是《白净草原》等不朽名篇，是我至今仍然时常重读且甘之如饴的文学杰作。所以，我在不同的场合多次对朋友们讲过，我是一个真正的俄罗斯热爱者，而且怀着一种如同诗人莱蒙托夫所说的，"奇异和复杂的爱情"，甚至也如诗人叶赛宁所言，"连俄罗斯故乡的恸哭我都喜爱"。

主持人给我这次演讲的命题是"伏尔加河与长江对话"，那么以上所说的，就是我向俄罗斯伟大的"母亲河"伏尔加河的致敬和回应。接下来，我的话题就可以转向我们中华民族的母亲之江——长江了。我很高兴有机会在这里和俄罗斯的朋友们谈谈我们的"长江文明"。因为时间关系，我也许只能把话题再缩小一点范围，只谈谈长江所滋育的上游、中游和下游的诗人和文学家们。

几年前，我在北京大学做过一场演讲，题目是《楚人文化精神要略》。这里的荆楚，便是湖北省的代称，长江流经湖北省的这一段，也称为荆江。我在那次演讲中说过，长江与黄河这两条横贯中国的河流，都是养育了中华文化的母亲河。但长江文化如果要做更细致的区域性划分，则可以分为上游、中游、下游三个阶段。上游是四川、重庆，简称巴蜀；中游是湖北、湖南、江西、安徽，简称荆楚；下游是江苏、浙江，简称吴越。我个人的一个发现是：巴蜀出鬼才，荆楚出天才，吴越出人才。鬼才、天才、人才这种划分，并非有褒有贬，而是根据不同的地域文化滋养给予人的禀赋而划分的。长江上游，是中国的西部高原，这里的人得地气之厚，人们得其滋养，想象奇特而神秘，所以迹近鬼才；长江中游，乱山穿凿，平原广阔，蓝天宽广，生活在这里的人们崇文尚武，颇具英雄气概、壮士情怀，所以滋生天才；长江下游，河流如织，平畴千里，中国历史上让人艳羡的江南，便在那里。生活在那里的人们，思维精致，举止优雅，历朝历代，诞生了不少为人楷模的人才。单从文学和艺术来说，长江上游的代表人物有李白、苏东坡、郭沫若、巴金、张大千等；中游有屈原、宋玉、孟浩然、米芾、吴敬梓、曹禺等；下游有王羲之、张若虚、陆游、鲁迅、茅盾、梅兰芳等等。如果把上面这一些名字去掉，中国的文学史与艺术史将无法撰写，因为，他们不仅代表了各自的地域，也代表了整个中华。

俄罗斯的伏尔加河，中国的长江，都是值得世人景仰的河流。它们是地球上两条美丽的蓝色飘带。它们波涛的颜色随着四季而变化，有时浑浊，有时清澈，有时是青黛色，有时是胭脂色。但不管如何变化，它们都是母亲河里丰满而甘甜的乳汁。它们养育出俄罗斯与中国这两大片文化的沃土，养育出两个国家一代又一代伟大而又杰出的作家、诗人、艺术家。在漫长的历史岁月里，有着伟大的思想资源和风格独特的文学传统的俄罗斯，与有着数千年美丽的汉语文学传统的中国，携手世界各国优秀的作家一道，为创造和丰富人类共有的灿烂、美好和绵延不断的文学、艺术宝库，贡献了各自文学传统中最伟大、最美丽的那一部分。我相信，在未来的岁月里，俄罗斯美好的文学传统，与中华民族美好的文学传统，都将熠熠闪光地、永恒发挥作用地存在下去。正如古老的长江和同样古老的伏尔加河，永远不会断流一样！

长江的文学波涛，与伏尔加河的文学波涛的牵手、呼应以及因此引发的美丽回响，不仅有着令人怀念的历史渊源，而且随着"地球村"时代、信息化时代的到来，将拥有越来越多的机缘和可能。当今世界，精神的匮乏远远大于物质的匮乏。病态的社会往往让我们无比惆怅地回望历史，这不是我们恋旧，而是我们在思考：过往的那些文学大师、艺术巨匠留给我们的精神财富，为什么在当下的社会环境中得不到足够的尊重。文学是忧患的，也是敏锐的；艺术是空灵的，也是清醒的。无论是文学还是艺术，它们都是人类心灵的投影，不但充满了悲天悯人的精神，也充满了愤世嫉俗的情感。但这样的文学艺术的传统，似乎正在减弱，甚至正在被抛弃。伟大的经典有时会遭遇解构和冷落，甚至蒙上了灰尘；美好的文学传统有时也面临着遮蔽、断裂和挑战。"娱乐至死"的风气正在席卷着全球。精神的分量日益轻薄，感情的滋味愈发寡淡，华而不实、浮而不定的物质享乐风气，也正在侵蚀着我们高贵的文学艺术传统……

然而我坚信，无论是俄罗斯的文学艺术精华，还是中国的文学艺术精华，都不仅是属于自己的祖国的，也是属于全人类的。创造人类最伟大、最崇高的精神高地，永远是人类文明之旅的目标和方向。所以，在这样的现实环境中，伏尔加河与长江挽起手来，共同荡涤文学艺术的颓废，不要让那些光怪陆离的东西以文学艺术的面貌出现，让真善美重新回到我们的作品中，不仅是必要的，也是当务之急的。如果爱我们的伏尔加河，爱我们的长江，我们就更加努力地去思索、去创造吧。而且，我们更需要携起手来，像保护我们共同的眼睛、心脏一样，像保护我们共同的母亲河一样，去珍惜、守望和保护我们美丽的文学传统！

感谢朋友们耐心的聆听，请允许我再次向在座的俄罗斯作家、艺术家以及朋友们致敬。

2014 年 9 月 10 日
在俄罗斯国家图书馆的演讲

中国传统文化的继承与创新

各位朋友，今天我给大家讲述的题目是《中国传统文化的继承与创新》。我要讲的内容分三个方面：一，什么是我们的传统文化；二，文化传承的时代脉络；三，传统文化的创新能力。

现在先讲第一个问题：什么是我们的传统文化。

首先要弄清楚，什么是我们的传统文化。从广义上说，中国人的生活习惯、风俗礼仪、典章制度、诗词歌赋、琴棋书画等等，都属于我们传统文化的范畴。今天我们所讲的内容，无论是精神，还是物质方面的，都逃不脱文化的范畴。如果要讲得更直接一些，可以用"风气""风俗""风情""风尚"这"四风"来规范我们整个精神和物质的生活。

美国《第三次浪潮》的作者说过一句话：风气自上而下，风俗自下而上。"风气"可以说是站在高处，以高屋建瓴的方式影响着我们，它主导着时代，对我们民间生活产生了巨大的影响，这种影响就叫风气。还有一种影响叫"风俗"。中国是一个礼仪社会，我们民间的风俗很多，包括办喜事、办丧事等都是有规矩的。每一种礼仪的形成就叫风俗，它也会直接影响到我们生活的每一个层面。还有一个就是

"风情"。我们说民族风情、地域风情就是局限在某一个地方独特的文化和气象，就称之为风情，是这个地方独有的一种民俗。"风尚"就是开风气之先。"风气""风俗"两相激荡而后成为"风尚"。风尚就是一个时代文化的最前沿——风俗往往是我们文化恒定的传承——风尚就是我们这个时代文化向前发展的创新的一块。比如说："这栋建筑好时尚啊！"这个"时尚"就是风尚。这是从广义上来谈传统文化的。如果从狭义上讲，也就是从应用角度讲，我们的传统文化到今天，依旧起着作用的，最重要的就是儒、释、道这三家。这三家合在一起构成了中国人认识世界、把握世界的思维方式和精神生活。

自从党的十七届六中全会以来，胡锦涛同志谈到"文化的自信、自觉与自强"，十八大和十八届三中全会上也都有很多关于文化的表述。比如，2013年温家宝同志的政府工作报告就提到"文化是民族的血脉和人民的精神家园"。当时听到这个报告，我就想：文化是人民的精神家园，这个从全人类的范畴来讲是对的。美国以基督文化为基础，发展起来的美国文化是他们的精神家园；中东的伊斯兰文化是他们的精神家园；由传统文化发展而来的当今中国文化，则是我们共同的精神家园。因此，对于我们中国人来讲，"文化是人民的精神家园"这句话必须加上两个字——传统，即传统文化是人民的精神家园。

世界上有基督文化、伊斯兰文化、地中海文化、爱琴海文化等很多文化类型和区域，而作用于中国老百姓和这一块东方大陆的就是我们的传统文化。一些西方的汉学家对我们的传统文化进行深入研究之后，就会深深地沉醉其中。我在美国、加拿大以及欧洲的很多地方，都碰到过这样的汉学家。我读过一本加拿大的汉学家写的关于中国传统文化的书，他以明代一位湖北黄陂籍官员的生活为例，显示了他对于中国文化的独特视角。这位黄陂籍官员在安徽的歙县或是其他某个地方当过县令。他在政务工作的闲暇之时，写一些笔记，记述他当县令的清闲时光，同时也回忆他在家乡黄陂的安逸生活。作者写道：我的家乡四季分明，有山有水，春天我们过花朝节、清明节，秋季登高望远，偶尔和乡贤们一起饮酒赋诗。实际上，他并不是刻意在展示他的诗情画意，而是回忆真实的少年、青年生活以及中年的仕宦生涯。加拿大的这位白人汉学家读过之后，却非常羡慕这样一种中国式的生活。他说，中国人生活在一种深厚的礼仪和诗情画意之中，这片大陆的人们总是让我们感到神奇，我们无法走进这片大陆的生活，也无法走进中国人的心里，因为他们就像在天堂里面生活一样——这是这位加拿大汉学家对我们中国传统文化的描述。

我认识塞尔维亚的一位汉学家，他是贝尔格莱德大学的历史系教授，专门研究中国古代史。他作为一个白人，却穿着像南怀瑾先生常穿的那种长衫，宽袍大袖，袖口挽起。如果你在贝尔格莱德街头见到这么一个白人，一定会感觉非常滑稽，可他却是一本正经，非常严肃。他学的中国话带着浓郁的江浙口音，尤其像扬州话。我在加拿大还碰到过一位汉学家，他说的是文言文："先生一向可好？"这就跟刚才说扬州方言的表达方式有所不同。一个外国人进入了江浙地区，就学会了用吴侬软语和你对话；而如果他研究传统中国文化，进入了明朝的情境，就会学着用明朝的文言文来跟你交谈。可见，这些汉学家进入中国文化的角度不同，他们的表述方式也就相应不同。

在漫长的中国历史长河中，总有一些外国人非常欣赏中国文化。他们认为中国的美主要来自生活节奏的慢：中国人严格地按照一年二十四节气的变换生活着，过着一种恒定的、周而复始的，刻板却充满诗意的人生。这些外国人经常会研究一些成语，这些成语里面所反映的生活简直是他们做不到的，比如"天伦之乐"——我的书法展上有一个小书法作品《含饴弄孙之乐》，这幅作品就是天伦之乐的表达：有一天，我的三岁的小孙子看到我在写字，一定也要自己拿笔去写，还要由他来盖印。他弄脏了我的纸，但我这个做爷爷的一点儿也不生气，只觉得孩子可爱。于是我握着他的小手，提笔写下"含饴弄孙之乐"几个字——这就是中国人的情感，这种情感一代一代传承着，我想我的下一代、再下一代也会是这样。

尊师重教、耕读传家、含饴弄孙、举案齐眉、白头偕老……所有这些成语描绘的都是中国的生活方式。"举案齐眉"说的是男女成家后，二人白头偕老，相濡以沫，相敬如宾，反映的是恒定的一夫一妻制。所以当我们研究中国的这些成语时，会发现它们所反映的都是我们的生活方式、精神存在方式、社会管理方式。因此，只有把这些成语弄懂了，才能了解中国人的物质生活方式和精神世界。

中国传统文化的丰富是令人吃惊的，琴、棋、书、画、诗、词、歌、赋、烟、酒、茶……中国的烟具非常考究，我在云南看过当地人抽水烟，抽得荡气回肠：把烟浸在一个装满了水的大桶里面，桶里支一根很长的杆子，用火镰把烟点着，就像点礼花炮一样发出"啪"的一声，人在上面吃一口，那底下的水烟仿佛是沸腾的水，咕噜咕噜往上冒泡。在西安，我看到一个朋友搜集的烟袋，有四百多种，每一种的功能和造型都不一样。中国人很擅长把一些非常粗俗的生活，上升到艺术的层面，文化的浸染是无孔不入、无处不在、如影随形的。再比如中国的茶道。我在中国见识过几十种不同的茶道。日本的茶道是源于中国南宋时杭州的径山茶道，由僧人发明，之后传入日本。径山茶道是绿茶茶道，除了绿茶茶道，我们还有武夷岩茶的茶道、普洱的茶道、砖茶的茶道，每一种茶的喝法都让人感觉到赏心悦目。再比如说酒，茅台酒和西凤酒、杏花村酒的味道就有着天壤之别。古代皇宫里的人饮酒非常讲究，女人喝酒要养颜，男人喝酒要激发他身体的各种功能，宫里单单醒酒的汤就得几十道。围绕着酒，中国人创造了很大的产业。

中华民族是全世界最有智慧的民族之一，曾经用"泥土"和"树叶"这两种东西征服了全世界，一直到18世纪，中国与全世界的贸易逆差都是靠"泥土"和"树叶"赚回来的。所以，在明朝，全世界白银的百分之七十都在中国流通。"泥土"就是陶瓷，"树叶"就是蚕丝。当年，德国有一位公爵收藏了一整套十八个出自景德镇的大瓷瓶，整个欧洲都为之艳羡。普鲁士国王心慕不已，多次与公爵商量，希望他把中国花瓶转让给自己。双方为此商量了三年，最后这样达成交换意向：普鲁士将一个营的卫队换取那十八个花瓶。普鲁士的卫队是全世界一流的，一套瓷瓶换取这样一支卫队，这就是我们中国泥土创造的世界奇迹。而英国的东印度公司面对陶瓷这样一种精致产品，也无法抗拒诱惑，所以他们最终撬开中国的大门，试图用他们的方式来掠夺中国。

关于丝绸的记载可以追溯到公元前的恺撒大帝。恺撒大帝在登基大典上会见群臣时，"哗啦"一声把铠甲掀开，露出里面一袭华丽的中国丝绸，艳惊整个罗马。后来，因为丝绸的昂贵加速了国库空虚，罗马上院不得不制定法律，不允许从中国进口丝绸。

中国人从大地赋予我们最原始的、可再生的资源里面创造出无穷无尽的生活方式和财富。迄今为止，我们这些传统的生活方式、知识产权依然牢牢掌握在我们自己手中，因为那是我们的生活方式和精神家园。将生活升华，就成了一种精神，我们中国人从来就有这种转化能力，这是我说的第一个大题的第二点。

第三点要说的是：我们的中华文化是以汉文化为主体，多民族共同创造的文化。中国是一个多民族的国家，但是与世界其他国家不同的是，多民族并没有影响这个庞大的帝国前进。世界上发展很快的基本上都是单民族国家。举一个例子：印度有上百个民族，为了尊重人权，满足每一个民族的需要，印度中央要下发政府的文件，需要转换成一百多种文字，因此每年的翻译费就高于整个文化的支出。这样一来，印度的发展速度就受到了很大限制。而中国不一样，中国是以汉文化为主体、多民族创造的共同文化形成了中华文化。

因此，我们要讲好中华文化，首先要讲好汉文化。汉文化是怎么形成的？陈寅恪先生曾有这样的表述：民族不应该以出身、族群来划分，而应该以文化的共同价值观和生活方式来划分。如果我们了解中国的历史，就会觉得这句话非常有道理。我举一个简单的例子：这几年我在边疆走了很多地方，特别是西北和东北。在东北，我见到了很多被称为少数民族的人，可是他们的生活习惯却比汉人还要"汉人"；在西北，我见到了很多自称为汉人的人，可是他们比少数民族还要"少数民族"。为什么会这样呢？这是长期的民族融合造成的。汉武帝当时攻打匈奴，败逃的匈奴来到了陕北榆林一带扎根，所以今天榆林的那些汉子，几乎都是匈奴人。我在陕西碰到一个大汉，一米八几的高个子，每天饮酒两斤不醉，整张脸像刀劈斧凿一样轮廓鲜明。我问他是哪个民族的，他说自己是汉人。我说："不对，你姓萧，你是契丹人。"他纳闷道："我怎么是契丹人？"后来我描述了他许多的生活特点，听完之后，他说："你说的这些还真符合！"其实，萧是契丹文官的一个姓。契丹有一个特点：皇家耶律家族不改姓，但是所有的丞相不管原来姓什么，当了丞相后都被赐姓萧。这是因为耶律阿保机希望自己成为第二个刘邦，他又非常欣赏萧何，所以不仅是丞相改姓萧，连皇后也改姓萧。所以提到契丹的萧太后，一定要说清楚是哪一代的萧太后，因为他们代代都有萧太后。

在我们这样一个民族融合的过程中，"汉人"这个概念是以共同的生活方式来论定的，现在的汉人最初不一定就是汉人，正如我们许多民族入驻中原以后，就消失了。在汉文化的伟大力量下，民族被融合。所以，匈奴、鲜卑、乌桓、回纥、契丹、女真都没有了。北魏王朝非常了不起，建立这个王朝的是鲜卑人，他们掌握政权后，就实行改革，推行汉文化，书法中的魏碑就是北魏人创造的。契丹人广泛分布在霍尔木兹海峡、库页岛、贝加尔湖以及蒙古高原的广阔区域，耶律阿保机建立的辽国地域广阔，它向南延伸到了河北的霸州、雄州以及燕云十六州，其面积比北宋还要大。五代十国时期，后晋的石敬瑭为了在燕云十六州自立为王，跟契丹人达成协议，约定在自己成王之后，要把燕云十六州割让给契丹政权。就这样，整个北京地区前后有三百多年不属于中原的领地，它先是划归辽国，后来又划归金国。我曾对燕云十六州的汉人做了一个认真的研究，结果发现：这个地方的汉人最终都变成了契丹人，契丹人后来又演变成室韦人，后来又有一部分变成了女真人。为什么会这样演变呢？因为当汉人长久地离开了中原这片土地之后，就会按照少数民族的生活习惯和文化风俗来规范自己，久而久之就告别了汉人式的生活。少数民族要想在燕云十六州这片土地上创造财富，需要用上"树叶"和"泥土"。可是这个绝活不在他们手上，而在汉人手上。

在民族融合的过程中，汉字立下了不朽的功劳。契丹文字消亡了，女真文字消亡了，很多少数民族的文字都消亡了，但汉字始终成为各民族沟通的语言。可以说，汉字的传承奠定了中国永远处于一个文化大国的地位。

唐诗有云："羌笛何须怨杨柳，春风不度玉门关。"我到过河西走廊的羌族人聚居区，这个地区的大部分羌族同胞后来迁徙到了汶川地震的核心区。他们称自己是炎帝的子孙，在当地建了一座很大的庙宇用来纪念炎帝，他们跳的铠甲舞已经成为国家的非物质文化遗产。这几年，我在研究传统文化与中华民族流变史的时候，常常从各地的府志、县志中找到很多有用的资料。历史学家除了研究"二十四史"之外，同样应该留意古代县一级的方志和族谱，因为这些地方各方面的志书，保存了大量有价值的史料，可以补正史之不足。

第一个问题说了什么是我们的传统文化，总结起来，我认为传统文化有三个方面：第一，是广义上的文化，就是我们的生活习惯、风俗礼仪、典章制度；第二，狭义上的中华文化是以儒、释、道为主体所构成的我们独特的价值观、世界观，即中国人认识世界、把握世界的思维方式；第三，就是以汉文化为主体的多民族共同创造的文化。

现在讲第二个问题：文化传承的时代脉络。

公元前 6 世纪到公元前 2 世纪这三四百年间，是中国汉文化形成的轴心时代。这个时代产生的先秦诸子百家，让我们看到了灿烂的文化多样性与丰富的人文精神。百家中，最后对后世产生极大影响的有十家：儒家、道家、阴阳家、法家、名家、墨家、杂家、农家、小说家、纵横家。这十家的学问构成了早期中国汉文化的思想主体，这是一座非常宏伟的思想文化大厦。那个时代尚未"独尊儒术"，以孔子为代表的儒家只是当中的一家，并没有特别的地位。这一时期诸子百家的学说，被冯天瑜先生称为"元典精神"，它们是我们中华民族文化的元典。

比这十家更早的《易经》是一部抽象的、思辨性的哲学著作。"太极"一词，始见于《易·系辞上》"《易》有太极，是生两仪。两仪生四象，四象生八卦"。太极是天地未分的统一体，是世界的本原。太极为一，天地为二，所谓两仪。两仪产生之后，万物就有了分别。《易·系辞上》又云"一阴一阳之谓道"，阴阳产生了，这个世界就再不是混沌的了。阴阳产生出"金""木""水""火""土"这五行，五行而生八卦，八卦而生万物。这是一套非常严密的逻辑。十家中儒家、道家、阴阳家、法家、墨家这五家都对《易经》有解释，其解释各有千秋。今天我们看到的《诗》《书》《易》《礼》《乐》《春秋》六经之一的《易经》，有孔子的注解，但是要懂元典的话，每一家对《易经》的解释都要看。中国经学的发展在汉代达到高峰，汉代出了很多解释诸子百家学问的大家，所以文化的普及在汉代，文化的发端在春秋战国。

春秋战国文化出现最早的，是《河图》《洛书》，还有《尚书》，尤其是《尧典》。如果对中华文化缺乏浓厚的兴趣，会感觉这些典籍离我们今天的生活太遥远。我在老家建了一座"龙潭书院"，大门上写了一副对联："尧典老，尚书残，谁留楮墨？白云淡，红叶稀，正好读书。"其意是勉励自己承担一点读书人的责任，研究那些年代久远的中华元典。

在春秋后期，周天子创造的文化已经式微，很多小的诸侯国对周文化不重视，不遵循。楚国是反叛的代表，所以，在相当长一段时间，周秦文化与楚齐文化相互竞争发展。秦国固守周制，楚国与齐国则能开创自己的文化道路。李白曾在湖北"酒隐安陆，蹉跎十年"，后来写过这样的诗句："我本楚狂人，凤歌笑孔丘。"李白敢讥笑孔子，看似狂妄，其实在春秋战国时期的楚国是一种常态。孔子的学说只是众多学问中的一种，没有唯我独尊的地位。

在春秋时期，鲁国是最钦慕、敬仰周天子文化的。孔子是鲁国人，因此他对整个周文化的崇尚不是无源的，是在鲁国一代代崇尚周文化的传统濡染下形成的。

孔子说了三段关于他喜欢周文化的话。第一句是："周监于二代，郁郁乎文哉，吾从周。"意思是说：周朝直接学习了殷、夏的宝贵文化，把两代文化的精粹保留下来，形成了周文化，这样的文化多么繁茂灿烂，我要一辈子追随。周朝的文化典范、文化风尚，是建立在殷、夏两朝所有的国家典章制度和周朝当时的文化形态之上的。周文化在当时中国政治上最大的贡献，就是开辟了三公格局——太傅、太保、太师，陛下管三公、三公管百官、百官管万民的管理模式就是由周朝奠定的。其中，据《大戴礼记·保傅》记载，当时周朝是"召公为太保，周公为太傅，太公为太师"。孔子说的第二句是："吾其为东周乎！"周朝式微了，文化也衰竭了，我能否在鲁国建立第二个周文化呢？孔子把建立第二个周文化作为政治理想，但因为鲁国规模小，甚至遭受别国侵略，所以根本没办法承担文化重造的大任。孔子说的第三句是："久矣，吾不复梦见周公。"意思是：人老了以后，很长时间都没有梦到周公了，是不是我哪个地方做得不对，周公不愿意见我了。

从孔子的这三句话中可以看出，在当时的鲁国，周文化得到了完全的保留。公元前544年，吴国的季札来到鲁国，他听到了周朝的音乐，欣喜若狂道："我在这里终于又听到了周朝的音乐！"当时的宫廷音乐只有在鲁国才听到，要想见识周朝的礼节，得到鲁国。四年之后，晋国的韩宣子也来到鲁国，看到周朝流传下的《易经》《象辞》和鲁《春秋》，高兴地回去宣传，说周礼全部在鲁国保存。

举两个小例子，鲁国这个小国家在当时保留周文化，所以周朝在春秋时候的直接传承者是鲁国，但是当时进行文化再造而引领先进文化的是楚国。我因此想到一个问题：鲁国原封不动地保留了周文化，最终却被灭国了；楚国当时敢于在文化上创新，并从一个南方小诸侯国，成长为春秋五霸之一，这是为什么？我们对周文化的定义，有这么一些关键词：数量的、科学的、理智的、秩序的……这些特质从周朝的礼器就可以看出来，比如玉圭，它根据官职的大小、用途的不同，有着数以百计的分类：大圭、镇圭、躬圭、桓圭、琬圭、琰圭……周朝注重规矩和秩序，重逻辑思维胜于重形象思维。这种文化在青铜器上表现得非常完整，比如毛公鼎、黄河铁牛、汉朝宫殿的狮子，造型凝重、坚实。"周道如砥，其直如矢"，都城镐京的道路像射出去的箭一样笔直，有王者之气。在精神上，周朝也讲究凝重、坚实。《诗经·大雅·生民》里面有句诗："实发实秀，实坚实好。"意思是，真实的一定可以生长出好东西，一定是秀美、坚强的，可见其精神追求。当时唯独跟周文化完全不一样的就是楚文化，楚文化的特质是奔放的、飞跃的、轻飘的、流动的，其造型艺术、语言节奏，跟周朝完全不一样。周朝讲究"不以规矩，不能成方圆"，而楚人承袭庄子《逍遥游》的漫无边际的想象。所以，周朝是几何学的、古典的，楚国是色彩学的、浪漫的。楚国典型的艺术品是漆器，而不是青铜器。楚国有几件文物极具特色，比如"虎座鸟架鼓"，形态是以两只卧虎为底座，虎背上各立一只长腿昂首的鸣凤，背向而立的鸣凤中间，有一面大鼓用红绳带悬于凤冠之上。再比如"鹿角立鹤"，外形是一只长有鹿角的仙鹤。这种变形的艺术在一千年后的欧洲才实现，在周文化里更是不可能出现。

《诗经》里面，比如"实发实秀，实坚实好"，是以双音节为主。而楚文化创造的则以多音节为主，"路漫漫其修远兮，吾将上下而求索"，这就是语言功能的拓展。多音节词汇的出现，表明生活的多样性。这是楚国活力的体现。再说齐国。现今说齐鲁大地，其实齐和鲁在春秋战国时是两个国家。与鲁国不同的是，齐国同楚国一样，都在创造自己的新文化，用今天的话说，这两个国家有点像"文化界的牛仔"，打破了一切界限。两国的文化创新，楚国重在文学，齐国重在哲学。"九州"之说，就是齐国的创造。齐国的学者邹衍直接称海外为"九州"。齐国在今天的胶东半岛，有很长的海岸线。邹衍认为，在大海无穷无尽的彼岸，一定还有很大的地方。那时候以中国人的航海技术不可能出去，但他觉得，海之外还有九州。他的"大九州"说影响了秦始皇，秦始皇想长生不老，就派人从当年齐国的胶州湾出发，去找海外仙山。今天烟台的牟平区养马岛，那个地方就是徐福率众多童男童女出海的地方。同样的思想，在楚国也有表现。屈原在《天问》里面就说："九州安错？川谷何洿？"意思是说，海外九州我们该如何去安顿？如何去发现？大地上的山川河流，如何去疏浚？这样一种思想，已经超越了时代，超越了阅历，是凭想象而产生的。

齐人喜欢讲隐语。淳于髡用三年不飞不鸣的鸟来向齐威王进谏，伍子胥的爷爷伍举，用三年不飞不鸣的鸟向楚庄王进谏。这在周朝的文本或者周朝的思维定势上是没有的，周朝就直接说："大王陛下，你不能不上朝，你要认认真真做事。"是直来直去的。楚国和齐国的文学家、作家，都喜欢转个弯说，这叫隐语。

齐国最发达的是兵家，比如司马穰苴、孙武、孙膑、蒙恬……楚国最发达的是道家，比如老子、庄子。齐楚文化形成一种同盟军，所以兵家与道家这两家远远超过鲁国的儒家，使齐楚两国关系很紧密，成为当时对抗周文化的两支先锋队伍。屈原就非常赞赏齐国，一生三次出国访问都是到齐国，那时候屈原到胶东半岛海边上不容易，中间还要穿过好多国家，还要过境。可见两国的思想家与大文豪们是惺惺相惜的。当时担任文化创新任务的是楚国和齐国，担任文化继承与坚守的是鲁国。现在我们处处都在讲创新，却不应该忘记，两千五百年前我们的老祖宗就乐于创新，就在革新我们的文化，为我们的文化寻找新天地，开拓新边疆，找到新出口。

到了汉代，我们会发现一个有趣的问题：刘邦虽然灭秦建国，但是其文化却是齐楚文化的集大成者。秦的国家管理模式经过商鞅的改革，其格局已经完全不同于周，比如车同轨、书同文、郡县制。秦始皇登基以后，巩固了这些创新的典章制度，但其文化的内核仍然继承周朝。刘邦建立的汉朝把秦所遵循的周文化全部推翻，而将自己故乡的楚文化作为国家文化，其中包含了与楚文化相近的齐文化。齐楚文化在刘邦建立国家之后就一直统治着中国，历万世而不衰。

楚国被秦所灭之后，屈原投江而死，而汉朝最终在灭秦之后，又完全承继了楚国的文化和制度。举几个例子：汉代直接承袭楚的语言、风俗与习惯，称大人物为"公"，这个"公"是我们的口头语，毛公、周公、车公，在秦国不称公，而称上卿、大夫。司马迁热爱楚文化，他的官职叫太史令，但他自称"太史公"。再说风俗习惯。周、秦坐在右边的是大官，楚国坐在左边的是大官，汉代的官职也是以左为大，并一直影响后代，如明代的吏部左侍郎，就是"组织部"的"常务副部长"，吏部右侍郎，就是一般的"副部长"，从那到今天都没改，左为大。

楚文化影响深远。"楚歌楚舞"风靡整个汉代；项羽的"力拔山兮气盖世"就是楚国的歌谣；刘邦的"大风起兮云飞扬"，也是源自楚辞。汉代人在楚辞的基础上发展出汉赋，成为当时文学的主流。今天能读到的一些最好的汉赋，像司马相如的、扬雄的，其代表作都是直承楚国遗韵。这种现象在汉武帝时达到了高峰，无论是宫廷文学，一代文化宗师的作品，还是民间老百姓的口头文学，直接承继的都是楚国的文体。汉代的宫廷建筑和漆器上使用的两种颜色——黑色、红色——

也是承袭楚国风格。楚国的文学艺术、建筑艺术、典章制度、衣食住行等等，都被汉朝照单全收。如果将传到今天的中国传统文化做一个剖析，则可以说，周秦文化代表了中国文化的"政统"，就是政治家所遵循的，比如郡县制。齐楚文化代表了中国的"道统"。

说到传统文化的优秀，作为荆楚文化的传人，我们有理由骄傲。司马迁就是楚文化的忠实传承者。为什么鲁迅说他的《史记》是"无韵之《离骚》"？除了语言的华美、瑰丽，人物的特立独行之外，司马迁做人的风格与屈原如出一辙。他是第二个屈原。他写项羽本纪，写屈原，写孙叔敖，甚至写陈胜、吴广，无不充满了深情。读了《史记》以后，会发现"无韵之《离骚》这个立论非常确切。司马迁是一个典型的秦人，为什么在周文化的腹地会产生一个仰慕楚文化的人？第一，充满了秩序和禁锢的文化氛围不适合天才的成长，司马迁是天才，所以我在《祭司马迁文》中说，文王五百年后而生孔仲尼，孔子五百年后而生司马迁。我也说过长江分为三段，三种文化，上游的巴蜀文化出"鬼才"，中游的荆楚文化出"天才"，下游的吴越文化出"人才"，楚文化是长江流域的文化代表。但需要指出的是，汉朝在理论的建树上，也就是在经学的研究上，则主要来自齐国。

经学是什么呢？大致的意思是解释先秦诸子百家的著作，诠释《诗》《书》《易》《礼》《春秋》《乐》这六经，这都是经学的范畴。汉武帝之后，西汉的经学研究已达到了一个高峰。可以说，最早系统地研究中国传统文化，是从汉武帝时候开始的。从那以后，研究中国传统文化的经书汗牛充栋，在清代的《四库全书》之"经部"，就收录了经学及研究经学的著作一千七百七十三部，两万零四百二十七卷。

在整个西汉的经学领域中，是以齐国人为主。解释《春秋》这部书最重要的两部著作，也是在西汉成书的，一个是齐国人写的《公羊传》，一个是鲁国人写的《穀梁传》，大家今天还可以借助翻译看看这两部书。《穀梁传》对待春秋的解释循规蹈矩，不敢越雷池一步，就像马克思所说，"无产阶级只有解放全人类才能最后解放自己"，它只能解释无产阶级就是没有财产的人，全人类包括所有的人。但《公羊传》不一样，解释了无产阶级在解放全人类的过程中，如果它也变成了有产阶级，一样可以赞同社会主义和革命，这就叫创造性地理解经典。《公羊传》文采飞扬，思想深度超过《穀梁传》。所以今天研究经学，先把《春秋》读一遍，再把《穀梁传》《公羊传》各读一遍，就可以看到同样一本经典的两种截然不同的解释。《史记》里说到了这一点："故汉兴至于五世之间，唯董仲舒名为明于《春秋》，其传公羊氏也。"司马迁认为，从汉高祖建国到汉武帝这一段历史时期，只有一个人懂《春秋》，就是董仲舒。董仲舒为什么懂《春秋》呢？因为他的学问来自齐国的《公羊传》。董仲舒的思想，对之后的汉朝产生了极大的影响。汉武帝时期两个伟大的思想家、文学家，一个是董仲舒，另一个就是司马迁，他们俩的学问一个来自齐国，一个来自楚国，他们两个人奠定了汉代文化高地的基础。

汉代除了经学之外，最能引起大家追寻的学问，还有两个，一个是"黄老之学"，一个是"庄骚之学"。"黄老"是哲学，"庄骚"既是哲学也是文学。后来大家解释这个"黄"就是指黄帝和老子，简称"黄老之学"。我认为这个黄帝的说法是不准确的，这个"黄"不是黄帝，应该是张良见到的那一位黄石公。可能黄石公这个人并不存在，是张良为了说故事杜撰出来的。张良说黄石公送他的一本书很重要，是一本姜太公的兵书。姜太公的兵书为什么在齐国发现呢？就因为姜太公封地在齐国，就像为什么鲁国出了孔子呢？是因为周公的封地在鲁国，所以周公找到了孔子，而姜太公的兵书传到了张良手上。为什么齐国出了那么多军事家？因为姜子牙封地在齐国。张良这个人很不简单，传说他在汉中的留坝县紫柏山从赤松子游，世人从此就找不到他的踪迹。留坝县有一座张良庙，我去参观时，留坝县的领导让我给它写副对联，我当时一挥而就："以剑气养文心，无双国士；先黄石后赤松，惟一英雄。"这是我对张良一生的评价。张良是齐国兵家学问的集大成者，也是把"黄老之学"学到了家的大聪明人。

再说"庄骚之学"。庄子散文的哲学意义和隐语，即"言在此而意在彼"的学问达到高峰。有这样一个例子，一天他带着学生在山里面走，看到一棵腐烂的树倒在地上，一踩上去树就折断，庄子对弟子说："哎呀，你们千万不要当朽木啊，当朽木就是这种卑贱的下场。"再往前走，他们又看到一棵参天大树，几个人在那砍那棵树做房梁，庄子又对弟子说："哎呀，你们千万不可做栋梁之材啊，成了栋梁之材就该让人砍了。"学生们纳闷了："老师啊，朽木不可做，栋梁又不可做，那我们做什么呢？"庄子说，你们不要当朽木，也不要当栋梁，就做一棵普通的树。庄子从来没有直接讲怎么做人，但是通过讲树的状态让学生自己去体悟，这既是政治又是文学，既是智慧又是知识。庄子的智慧真是高超到了极点。"骚"就是屈原的《离骚》，用以指楚辞。看看屈原的《离骚》《天问》《九歌》《九章》，就知道楚辞的文采有多灿烂，想象力有多丰富。所以，将庄子与屈原合称为"庄骚"，是对楚国文学的极大肯定。"黄老之学"来自齐,"庄骚之学"来自楚,从屈原到司马迁,从文风到操守,这种道统的魅力,对中国人的影响一直到今天。我在《张居正》里写到过,有些官员为了坚持真理不怕廷杖,万历小皇帝说:"把这个人给我打死!"冯保赶紧说:"陛下,千万不可,他们就是要死,要以死表明自己的气节和操守。"这种不怕死的风骨,正是来自屈原与司马迁。

最后讲第三个问题:传统文化的创新能力。

中国历史上几次最伟大的创新,可以说是为人类的文明做出了伟大的贡献。在政治制度上,一是秦朝的郡县制,二是隋朝的科举制。郡县制促成了中央政府管理体系的建立,从而巩固了社会的稳定;科举制解决了人才选拔问题,从而推动了文官体系的建立。在科技上,前面已经讲过,将泥土变为陶瓷,将蚕桑转化为丝绸。这些都是让中国得以长期在世界上领先的关键因素。

还有一点,也是很重要的。经过长达一千多年的探索,到了唐代,基本上确立了儒、释、道三家相互作用的中国传统文化的主流。三家的传承各有体系。儒家的传承,从孔子、孟子、荀卿、董仲舒、二程、朱熹、陆九渊、王阳明、黄宗羲、戴震,到现代儒家七子。道家从老子开始,尔后庄子、杨朱、王充、王重阳、丘处机、张三丰等等。佛教自印度传入中国,可谓蔚为大观,各大门派有天台宗、华严宗、密宗、净土宗、禅宗等。在中部地区繁衍比较多的是禅宗,禅宗还有五宗:沩仰、临济、曹洞、云门、法眼。佛教在中国的本土化过程,其实就是以禅宗的确立为标志的。如果没有跟中国传统文化的道教相结合,没有庄子老子的精神在里面,佛教在中国生不了根。

儒家思想的根本，可以概括为一个字——"中"。"中"是一种哲学，全世界的国家，没有一个国家的名字是带这么深的民族文化特质在里面的。不偏不倚为中，做人不要亢也不要卑，不卑不亢为中，不左不右为中，不上不下为中，这是儒家的智慧。概括道家的一个字是"无"，佛家的一个字是"空"。就这三个字，足可以把中国传统文化的来路说得很清楚。这个"无"是指"无中生有"，"太极生两仪"，这个太极就是"无"，阴阳两仪产生了便是"有"的开始。"无中生有"，就是这个意思。两仪生五行——金木水火土，五行生八卦，世间万事万物就徐徐展开了。一个人如果不懂得开启这个阀门，不懂得什么时候到"有"，什么时候又回到"无"里面去，就不懂得怎么养心。佛家讲的是"空"，我有很长时间不了解"空"，空是什么？空是一种物质，空不是什么都没有。《心经》里面说："色不异空，空不异色。"色就是颜色的色，色就是客观世界。这个"空"既是客观世界，又不是客观世界，色不异空，不等同于客观世界，但也不相离于客观世界。所以说，空不是什么都没有，什么都不留住才叫空。

我们今天说文化的继承与创新这个题目，也是解决"从内圣开出外王"的问题。外王决定内圣，客观世界变了，主观世界就得改变。顺利的改变就是创新。"一阴一阳之谓道"，一个是形而上的，一个是形而下的。我有一年看到张之洞为奥略楼写的一副对联："昔贤整顿乾坤，缔造皆从江汉起；今日交通文轨，登临不觉欧亚遥。"他大意是说，在我之前的历代圣贤们，他们缔造了他们的乾坤、他们的时代，在江汉大地上创造了史诗。张之洞认为他也承担了这个任务。我们的事业不仅仅能够超迈古人，我们还能够超迈洋人，因为我们有这么深的文化做我们的根基。现在，传统文化是我们的"内圣"，伟大的民族复兴是我们的"外王"，要想实现这一目标，我们的"内圣"要坚如磐石，我们的"外王"要日新月异。唯其如此，我们的创新才有落脚点，才有持之以恒的动力。

那么，今天就先讲到这里。谢谢大家。

2013 年 12 月 21 日
在陕西"曲江文化论坛"上的演讲